FACULTÉ DE DROIT DE PARIS

THÈSE
POUR LE DOCTORAT

DES

ÉLÉMENTS CONSTITUTIFS DE LA CHOSE JUGÉE
EN MATIÈRE CIVILE

Dans le droit romain et dans le droit français.

PARIS
IMPRIMERIE DE GUSTAVE GRATIOT
Rue Mazarine, 30

1854

FACULTÉ DE DROIT DE PARIS

THÈSE
POUR LE DOCTORAT

DES

ÉLÉMENTS CONSTITUTIFS DE LA CHOSE JUGÉE
EN MATIÈRE CIVILE
Dans le droit romain et dans le droit français.

L'acte public sur les matières ci-après sera soutenu le jeudi 29 juin 1854, à huit heures et demie

PAR ÉMILE SAHUC, AVOCAT
(Né à Nissan, Hérault.)

Président : M. DURANTON, Professeur.

SUFFRAGANTS : MM. PELLAT, VALETTE, De VALROGER, Professeurs. DEMANGEAT, Suppléant.

Le candidat répondra, en outre, aux questions qui lui seront faites sur les autres matières de l'enseignement.

PARIS
IMPRIMERIE DE GUSTAVE GRATIOT
Rue Mazarine, 30
1854

A LA MÉMOIRE DE MA MÈRE

A MON PÈRE

A MA SŒUR

A MON ONCLE J.-B. TERRAL

A TOUS MES PARENTS

A MES AMIS

DES ÉLÉMENTS CONSTITUTIFS DE LA CHOSE JUGÉE

EN MATIÈRE CIVILE.

> Status reipublicæ maxime judicatis rebus continetur.
>
> CICÉRON, *Orat. pro Sulla.*

Toute décision judiciaire, légalement rendue, s'abrite sous une présomption de vérité : *Res judicata pro veritate accipitur.* Que les juges aient fait une application exacte de la loi, ou qu'ils en aient fait une application erronée, leur sentence doit être respectée comme l'expression de la vérité elle-même. C'est là ce qui constitue l'autorité de la chose jugée.

De tous les temps, les législateurs ont compris la nécessité d'assurer ainsi le maintien des jugements : l'existence de la société ne serait-elle pas, en effet, compromise, si les décisions judiciaires étaient sans force, si les droits qu'elles ont consacrés pouvaient être l'objet de contestations sans cesse renaissantes ?

Toutefois, l'autorité attribuée à la chose jugée ne doit pouvoir s'exercer que dans certaines limites et suivant certaines conditions. Les effets qu'elle entraîne sont si rigoureux, qu'ils doivent être nécessairement circonscrits, dans la juste mesure des intérêts qu'elle est appelée à défendre.

Mais quelles sont ces limites? quelles sont ces conditions? quand peut-on invoquer avec succès, contre une prétention nouvelle, l'autorité de la chose jugée, en supposant d'ailleurs que le jugement sur lequel on s'appuie est revêtu de tous les caractères essentiels pour produire cette autorité? Quels sont, en un mot, les éléments constitutifs de la chose jugée? — C'est ce que nous allons tâcher de déterminer, soit en droit romain, soit dans notre droit.

DROIT ROMAIN

Des conditions sous lesquelles est admise l'exception de la chose jugée.

(Liv. XLIV, tit. II, Dig., *de exceptione rei judicatæ.*)

I. Pour protéger l'autorité de la chose jugée, la *res judicata*, contre une prétention nouvelle, deux formes de procédure se sont produites dans la législation romaine :

Ou bien la *litiscontestatio* a pour effet d'éteindre *ipso jure* l'obligation primitive (1) ; l'action se trouve pleinement *consommée* par la sentence du juge, et dès lors le défendeur, poursuivi de nouveau, n'a qu'à opposer purement et simplement, pour faire tomber la nouvelle demande, les principes du droit civil qui prohibent la reproduction de l'action (2) ;

(1) Gaius, Comm. III, § 180, 181.

(2) Cette forme de procédure était seule pratiquée, sous l'empire des actions de la loi (Gaius, Comm. IV, § 108); elle fut

Ou bien, malgré la sentence, l'obligation continue de subsister civilement; l'absolution prononcée par le juge ne met pas le défendeur à l'abri de nouvelles poursuites : alors, par un tempérament apporté à la rigueur du droit civil, on accorde au défendeur, s'il vient à être de nouveau attaqué, le bénéfice de l'exception *rei judicatæ*, pour repousser la prétention nouvelle (1).

II. Mais dans ce dernier cas, sous quelles conditions doit s'exercer l'autorité de la chose jugée? Quand y a-t-il lieu d'admettre l'exception *rei judicatæ?* — C'est là l'objet de cette dissertation.

III. Or, ainsi que nous l'apprend le jurisconsulte Ulpien, l'exception de la chose jugée ne peut être invoquée avec succès que sous les deux conditions suivantes : la nouvelle question soumise au juge doit être identique à celle qui a été jugée antérieurement,

encore conservée sous le système formulaire; mais elle ne s'appliquait alors qu'aux *judicia legitima*, portant sur une action personnelle conçue *in jus* (Gaius, *loc. cit.*, § 107, 108).

(1) Le défendeur était obligé de recourir à cette exception, — sous le régime formulaire, lorsqu'il s'agissait d'un *judicium imperio continens*, ou bien d'un *judicium legitimum* portant sur une action réelle ou sur une action personnelle conçue *in factum* (Gaius, Comm. IV, § 106 et 107); — sous Justinien, absolument dans tous les cas : « Si judicio tecum actum fuerit, sive in rem, sive in personam, nihilominus obligatio durat, et ideo ipso jure de eadem re postea adversus te agi potest; sed debes per exceptionem rei judicatæ adjuvari » (Inst. Just., liv. IV, t. XIII, § 5). — Au surplus, le demandeur qui a triomphé dans la première instance doit aussi recourir à cette exception, si le défendeur vient à former contre lui une prétention contradictoire au jugement rendu. (Voir les lois 15 et 30, § 1, de notre titre.)

et les personnes qui interviennent dans le second litige doivent être celles qui ont soutenu le premier. « Exceptio rei judicatæ obstat, quotiens inter easdem personas eadem quæstio revocatur (1). » Nous sommes donc amenés à nous demander quand il y a dans les deux litiges : 1° *eadem quæstio;* 2° *eædem personæ.*

(1) L. 3 et 7, § 4, D., *de exc. rei jud.*

CHAPITRE PREMIER.

Quand y a-t-il dans les deux litiges *eadem quæstio?*

IV. Toute question soumise au juge par le demandeur ou le défendeur comprend nécessairement un droit (1) qui fait l'objet de la prétention et une cause sur laquelle cette prétention se fonde. L'identité de question se décompose donc en ces deux éléments qui la constituent : *identité d'objet* et *identité de cause.* « Cum quæritur, hæc exceptio noceat necne? inspiciendum est..... an idem jus; et an eadem causa petendi (2). »

Étudions séparément les principes relatifs à chacun de ces éléments.

SECTION PREMIÈRE.

DE L'IDENTITÉ DE L'OBJET.

V. En premier lieu, disons-nous, pour qu'il y ait *eadem quæstio* dans les deux litiges, il faut que l'objet des deux prétentions soit identique. Mais quelle est la

(1) La constatation d'un fait peut être aussi l'objet direct de la question soumise au juge; mais au fond, et en réalité, il s'agit toujours pour le demandeur de faire reconnaître un droit.

(2) L. 12, 13 et 14, princ., D., *de exc. rei jud.*

nature de cette identité? Doit-elle être absolue, intégrale? Le juge doit-il retrouver dans les deux litiges le même objet, avec la même étendue, la même forme, la même qualification?

VI. S'il en était ainsi, s'il fallait une reproduction rigoureuse de la première demande, rien ne serait plus facile pour le juge que d'apprécier cette identité, et l'application de l'exception *rei judicatæ* ne serait susceptible d'aucun doute. Mais les jurisconsultes ont compris que pour atteindre le but qu'ils se sont proposé, à savoir, d'empêcher la production successive de deux décisions contradictoires et de maintenir ainsi le contenu d'un jugement antérieur, il ne pouvait s'agir d'une identité purement matérielle et nominale. En effet, si l'on va au fond des choses, on retrouvera souvent, sous la différence qui paraît dans les termes, une identité réelle; et en n'admettant pas dans ce cas l'exception de la chose jugée, on s'exposerait nécessairement à contredire la première demande et la décision du premier juge.

Il faut donc examiner avec soin si l'objet du nouveau litige n'a pas été déduit *in judicium* dans la première instance, si la sentence rendue n'a pas prononcé sur cet objet d'une manière explicite ou implicite. Telle est la règle que l'on ne doit jamais perdre de vue dans la recherche de ce qui constitue l'identité d'objet.

VII. L'objet n'en demeure pas moins le même dans les deux litiges, bien que dans l'intervalle d'une demande à l'autre il ait changé de forme, de qualité, d'étendue. Les modifications qu'il a subies n'altèrent en rien sa substance, et c'est la substance seule, dépouillée des qualités qui peuvent venir s'y joindre, qui constitue l'objet. « Idem corpus in hac exceptione, non utique omni pristina qualitate vel quantitate servata, nulla adjectione diminutioneve facta, sed pinguius pro communi utilitate accipitur (1). »

Ainsi, après avoir réclamé sans succès un fonds planté en vignes, on ne pourrait pas revendiquer ce même fonds, s'il venait à être converti en prairie. De même, celui qui aurait succombé dans la revendication d'un troupeau, ne serait pas reçu à reproduire la même demande, sous le prétexte de l'accroissement ou de la diminution des têtes qui en font partie (2); et il en serait encore ainsi, bien que les animaux de ce troupeau eussent été renouvelés en entier. Toute universalité, en effet, est un être de raison qui ne change en aucune manière avec les objets qui la composent.

VIII. L'objet du second litige peut n'avoir été compris que d'une manière virtuelle ou implicite dans la première action; et néanmoins l'exception *rei judicatæ* devra être admise.

Ainsi, en étudiant la relation qui existe entre le tout et ses parties, on est amené à poser la règle suivante : *la demande du tout comprend chacune de ses parties;* de telle sorte qu'après avoir succombé dans la réclamation du tout, il ne doit plus être permis de former une nouvelle demande relativement à l'une des parties.

IX. Ce principe, *pars in toto est*, dont nous trouve-

(1) Loi 14, princ., D., *de exceptione rei judicatæ*.
(2) Loi 21, § 1, *eod. tit.*

rons dans les dispositions de notre titre de nombreuses applications, est expressément formulé dans la loi 7, une des lois sans contredit les plus importantes et les plus instructives de cette matière, et que nous devons par conséquent étudier d'une manière spéciale.

Cette loi, cependant, au dire du plus grand nombre des interprètes qui l'ont commentée, contient des dispositions *vagues*, *obscures*, *contradictoires*. M. de Savigny lui-même, après avoir dit qu'elle se distingue par *la profondeur des principes qu'elle développe*, *par la sagacité*, *la clarté et la sûreté de ses décisions*, croit devoir restreindre un pareil éloge au commencement et à la fin du texte (1). Toutefois, dans le désir de lever les contradictions apparentes qui existent dans cette loi, et de venger ainsi le jurisconsulte Ulpien des reproches que les interprètes sont portés à lui faire, il propose une explication nouvelle, *au moyen d'une légère interposition dans l'ordre des paragraphes*. Si c'était là le seul changement que M. de Savigny fit subir au texte, nous accepterions volontiers son interprétation : tout le monde sait, en effet, le peu d'importance qu'il faut attacher à la division en paragraphes, œuvre non des jurisconsultes eux-mêmes, mais des premiers éditeurs qui ont publié le Digeste. Mais à l'exemple d'Accurse et de presque tous les commentateurs des lois romaines, le savant professeur de Berlin supprime la négative qui se trouve au § 3 de cette loi, et change encore plusieurs autres mots qui le gênent dans son explication.

(1) M. de Savigny, *Traité de droit romain*, tome VI, p. 502. (Traduct. de M. Ch. Guenoux.)

X. Nous allons voir s'il n'est pas possible d'interpréter ce texte d'une autre manière, sans avoir recours à des changements qu'il ne faut jamais se permettre sans une impérieuse nécessité, mais en conservant, au contraire, dans son intégrité la leçon des principaux manuscrits du Digeste, de la Vulgate et des Florentines (1).

XI. Dans le *principium* de la loi 7, le jurisconsulte pose d'abord le principe que nous connaissons déjà : « Si quis cum totum petisset, partem petat, exceptio rei judicatæ nocet : nam pars in toto est. » Et peu importe, pour l'application de ce principe, comme le dit Ulpien, qu'il s'agisse d'un corps certain, d'une quantité ou d'un droit. « Nec interest, utrum in corpore hoc quæratur, an in quantitate, vel in jure. » Ainsi, celui qui a réclamé un fonds et dont la demande a été repoussée, ne peut revendiquer par une action nouvelle une part divise ou indivise de ce même fonds (2). De même, si j'ai demandé sans succès vingt pièces d'or, il ne me sera pas permis de formuler une nouvelle demande, en la réduisant à une partie de la somme que j'ai d'abord réclamée. De même encore, après avoir échoué dans la revendication d'un droit d'usufruit sur un immeuble entier, je ne pourrai pas demander plus tard ce même droit d'usufruit, en ne le faisant plus porter que sur une part de l'immeuble, sur la moitié, par exemple.

Ces deux dernières espèces ne sont pas formulées

(1) « Tueri tamen tutius est Vulgatam et Florentinam lectionem : *exceptio non noceat.* » Note sur Doneau (au titre *de exceptione rei judicatæ*, explication de la loi 7).

(2) Loi 7, princ., *de exc. rei jud.*

dans notre loi; mais en voici d'autres qui y sont contenues et qui se rapportent toujours au même principe : *pars in toto est.* — Celui qui a succombé dans la demande d'un fonds, d'une maison, d'un navire, ne peut pas revendiquer ultérieurement les arbres qui ont été arrachés de ce fonds, les matériaux ou les planches qui font partie de cette maison ou de ce navire (1).

XII. Jusqu'ici, les décisions données par Ulpien lui paraissent ne pouvoir faire l'ombre d'un doute. Toutefois, il n'en peut être ainsi, nous n'aurions pas besoin de le dire, qu'autant que la demande du tout et ensuite la demande de l'une des parties sont fondées l'une et l'autre sur la même cause, autre élément essentiel pour qu'il y ait dans les deux instances *eadem quæstio.*

XIII. Mais voici un cas (loi 7, § 1) où le point de savoir si l'exception *rei judicatæ* est applicable, présente au jurisconsulte de sérieux embarras (2) : j'ai

(1) M. de Savigny fait commencer le § 1 à ces mots : *Item si quis fundum petierit*, et présente par conséquent la décision de ces différentes espèces comme donnant lieu à de graves difficultés, puisqu'il leur applique ces autres mots du texte : *Magnæ quæstionis est.* Il veut éviter ainsi la contradiction que semblent présenter les dispositions du § 2 et du *principium*, relatives aux *cæmenta.* — Mais nous verrons qu'il n'existe aucune espèce de contradiction entre ces décisions.

(2) « Si ancillam prægnantem petiero, et post litem contestatam conceperit et pepererit, mox partum ejus petam : utrum idem petere videor, an aliud, magnæ quæstionis est? » — M. de Savigny remplace la conjonctive *et* par la disjonctive *aut.* Selon lui, le texte, tel qu'il se trouve dans le manuscrit, ne donnerait aucun sens; car l'esclave déjà enceinte à l'époque de la *litis-*

d'abord revendiqué une esclave que je croyais enceinte, et j'ai succombé. Après la *litiscontestatio*, cette esclave conçoit et engendre. Pourrai-je réclamer l'enfant dans une nouvelle instance, ou bien cette seconde demande sera-t-elle repoussée, comme se référant à un objet compris dans la première? C'est là, dit Ulpien, une question délicate, soumise à de nombreuses controverses : *magnæ quæstionis est*. Toutefois, le jurisconsulte laisse en suspens sa décision jusqu'au paragraphe 3, où il examinera la même question, relativement aux fruits qui sont nés d'un fonds que l'on a d'abord revendiqué, et se contente de formuler ici la règle qui doit servir de base à la solution de toutes les questions proposées : « Et quidem ita definiri potest, totiens eamdem rem agi, quotiens apud judicem posteriorem id quæritur, quod apud priorem quæsitum est. » Et c'est en vertu de cette règle qu'il décide que presque toujours, dans les espèces qu'il a déjà présentées, il faut admettre l'exception *rei judicatæ* : « In his igitur fere omnibus exceptio nocet. » La locution *fere* est restrictive, et, en effet, les paragraphes suivants contiennent deux exceptions à la maxime, *pars in toto est*, toutes deux fondées, comme nous le verrons, sur ce que dans les deux litiges on ne retrouve pas *identité de cause*. C'est sans doute pour n'avoir pas aperçu que ce second élément de la *eadem quæstio* (*eadem causa petendi*) manque nécessairement dans ces nouvelles hypothèses,

contestatio, ne saurait le devenir de nouveau immédiatement après. Cela est incontestable; mais qu'est-ce qui empêche d'entendre le texte ainsi que nous le proposons? l'esclave n'était pas *réellement* enceinte au moment où j'ai formé ma demande; mais je la réclamais comme telle, croyant qu'elle l'était.

que les interprètes y ont vu des solutions contradictoires aux précédentes : car autrement ils n'auraient trouvé dans la différence des décisions qu'une application exacte des principes relatifs à la chose jugée : *quæ nisi concurrunt, alia res est.*

XIV. Après avoir décidé, dans le *principium* de la loi, que la revendication infructueuse d'une maison empêche la réclamation ultérieure des matériaux, Ulpien, dans le paragraphe 2, permet au contraire de former cette seconde demande. Mais pourquoi ? Quelle raison d'accorder ici un droit qu'il refuse plus haut ? Écoutons le jurisconsulte : « Etenim cujus insula est, non utique et cœmenta sunt : denique ea quæ juncta sunt ædibus alienis, separata dominus vindicare potest. »

Évidemment voici l'hypothèse que prévoit Ulpien : — Une personne a d'abord réclamé la propriété d'une maison, en exprimant la cause sur laquelle elle fonde sa demande (nous verrons plus tard la nécessité de l'*expressa causa* dans les actions réelles) ; elle a succombé, et la voilà déchue du droit de revendiquer de nouveau, au même titre, cette maison ou les matériaux qui la composent : c'est là le cas du *principium.* Mais il peut se faire que, bien qu'on n'ait pas la propriété de la maison, on soit cependant propriétaire des matériaux : ainsi, c'est avec les matériaux d'autrui que la maison a été construite, et dès lors si, par application du principe : *omne quod inædificatur, solo cedit*, la maison est devenue la propriété du maître du sol, il n'en est pas moins vrai que celui à qui appartiennent les matériaux n'a pas cessé d'en être propriétaire : « Nec tamen ideo is qui materiæ dominus fuerat, desinit dominus ejus esse (1). » Toutefois, tant que la maison existe, il ne peut ni revendiquer les matériaux, ni intenter l'action *ad exhibendum* (2); il a seulement le droit de demander, par l'action *de tigno juncto*, à être indemnisé du dommage qu'il éprouve. Mais si, par quelque cause que ce soit, la maison vient à être détruite, et que les matériaux s'en trouvent ainsi séparés, il peut les réclamer, *separata dominus vindicare potest*, pourvu toutefois qu'il n'ait pas déjà profité du bénéfice de l'action *de tigno juncto*. — Et si c'est là l'hypothèse du paragraphe 2, l'on comprend que le défendeur ne puisse pas opposer l'exception *rei judicatæ*, puisque la nouvelle demande n'est plus fondée sur la même cause (3).

XV. Le paragraphe 3 contient aussi, avons-nous dit, une exception à la règle *pars in toto est*, exception fondée, comme la précédente, sur le défaut *d'identité*

(1) Inst. Just., livre II, tit. I, § 29.

(2) La loi des douze Tables l'avait ainsi décidé, par un motif d'utilité publique : *Ne ædificia rescindi necesse sit*. — Toutefois, l'action *ad exhibendum* peut être intentée, lorsque celui qui a construit avec les matériaux d'autrui a été de mauvaise foi. Loi I, § 2, D., *de tigno juncto*.

(3) Voët propose, sur ce paragraphe, une autre explication. A son avis, il n'y a pas non plus contradiction réelle entre la décision du *principium* et celle de ce paragraphe; mais c'est parce que, à la différence du *principium*, le § 2 se réfère à une hypothèse où les deux litiges ne renferment pas identité d'objet. En effet, d'après Voët, les matériaux ne forment une partie intégrante de la maison qu'autant qu'ils y sont incorporés; dès le moment de leur séparation, ils constituent un objet parfaitement distinct. Or, dans le § 2, le second litige porte sur des matériaux qui ne sont plus incorporés à la maison : *Separata dominus vindicare potest*.

de causa dans les deux litiges. Voici en effet, ce nous semble, comment le texte de ce paragraphe doit être entendu : — J'ai réclamé la propriété d'un fonds ou bien d'une esclave (le jurisconsulte revient dans ce paragraphe à la question simplement énoncée au paragraphe 1er); ma demande a été rejetée. Depuis la *litiscontestatio*, le fonds a produit des fruits, l'esclave a conçu et engendré un enfant. Pourrai-je alors revendiquer, par une action nouvelle, ces fruits, cet enfant, sans être repoussé par l'exception de la chose jugée? — Non, si je m'appuie sur le même titre que j'ai déjà invoqué pour demander la mère ou le fonds; car, du moment qu'il a été reconnu que la mère ou le fonds ne m'appartiennent pas, je ne saurai prétendre, en vertu de la même cause, à la propriété de l'enfant ou des fruits.— Je le pourrai, au contraire, si je base ma seconde action sur une cause nouvelle. Rien n'empêche, en effet, que j'aie acquis séparément la propriété des fruits à recueillir, de l'enfant à naître (1); et c'est dès lors en vertu du titre qui m'a conféré ce droit, que je forme ma nouvelle demande.

Toutefois, pour être ainsi recevable à agir de nouveau, ou bien il faut (ainsi que nous le verrons dans la section suivante) avoir formellement exprimé dans la première instance la cause sur laquelle on fonde sa prétention, et alors il n'est pas nécessaire que l'enfant ou les fruits ne viennent à naître qu'après la *litiscontestatio;* ou bien, et c'est là particulièrement l'hypothèse du paragraphe 3, il suffit que la *litiscontestatio* ait précédé la naissance des fruits ou

(1) Loi 12, § 18, D., *de captivis et postliminio.*

de l'enfant; il y a alors, en quelque sorte, une *causa nova superveniens*. La première demande n'a pas pu comprendre d'ailleurs des choses qui n'existaient pas encore, et le juge n'a pas pu prononcer sur elles dans la sentence : *quod non sit petitum, quod nec actor petere putasset, nec judex in judicio sensisset*. Peu importe, du reste, qu'au moment où j'ai réclamé l'esclave, j'eusse la pensée qu'elle était déjà enceinte (*si ancillam prægnantem petiero*, § 1er) : le juge, lorsque je revendiquerai l'enfant, devra seulement examiner si, en réalité, l'esclave n'a conçu qu'après ma première demande, sans tenir compte de l'opinion que j'avais : *plus est in veritate, quam quod in opinione*.

XVI. L'explication que nous venons de donner a non-seulement le mérite de ne pas dénaturer la version de la Vulgate et des Florentines, ce que font presque tous les interprètes, en supprimant la négation; mais encore elle peut seule s'accorder avec la contexture entière du paragraphe. Après avoir résolu la question qu'il a soulevée, après avoir énoncé le motif sur lequel il fonde sa décision et qui, selon nous, est aussi conforme aux principes qu'à la nature des choses [*hæc enim nondum erant in rebus humanis* (1)],

(1) M. de Savigny ne voit dans ces mots qu'un motif de doute, qu'une objection spécieuse qu'on pourrait soulever. Il propose de lire ainsi le texte : « Hæc enim, etsi nondum erant in rebus humanis, sed ex ea re sunt quæ petita est; magisque ut ista exceptio noceat. » Les principes de la chose jugée se refusent, selon lui, à ce que la propriété de la mère, par exemple, une fois déniée, on puisse plus tard revendiquer l'enfant. Le plus souvent, il est vrai, l'enfant n'existera pas à l'époque de l'action, et dès lors n'aura pas été amené *in judicium*; mais le principe de la *eadem quæstio* n'en sera pas moins applicable, puisque la pro-

le jurisconsulte Ulpien ajoute : « Plane si in restitutionem vel fructus, vel etiam partus venerunt, æstimatique sunt : consequens erit dicere exceptionem objiciendam. » N'est-ce pas là, évidemment, une restriction à la solution qu'il vient de donner, et s'il en est ainsi, peut-il nous rester quelque doute sur la véritable pensée du jurisconsulte? Voici dès lors comment s'enchaînent logiquement l'une à l'autre les deux décisions de ce paragraphe.—On ne pourra pas être repoussé par l'exception *rei judicatæ*, dans le cas où, après avoir réclamé le fonds ou l'esclave, on viendrait à revendiquer ensuite les fruits ou l'enfant, nés depuis la *litiscontestatio*. Bien qu'ils proviennent d'une chose qui a fait déjà l'objet d'une demande, ils ne peuvent pas avoir été compris dans cette première action, puisqu'ils n'existaient pas encore au moment où elle a été formée. — Toutefois, si dans le premier litige on a réclamé les fruits ou l'enfant, en même temps que le fonds ou la mère, et que la valeur en ait été estimée et accordée par le juge, on ne pourra sans aucun doute les revendiquer ensuite isolément.

XVII. Les dernières dispositions de la loi 7 ne présentent aucune difficulté; elles rentrent encore dans

priété de l'enfant ne peut dériver que de celle de la mère, et cette propriété a été déniée par le jugement antérieur.

M. de Savigny aurait raison, si l'enfant était revendiqué en vertu de la même cause que l'on a invoquée pour réclamer la mère; mais pourquoi ne pas supposer que dans l'espèce prévue par le texte, la revendication de l'enfant est basée sur un titre nouveau? — Dès lors les principes sont respectés, et le texte demeure intact.

l'application de la maxime : *pars in toto est*. Ainsi, après avoir formé sans succès une pétition d'hérédité, je ne pourrai pas réclamer, en la même qualité d'héritier, bien entendu, un objet spécial ou un droit déterminé de cette hérédité. « Nam cum hereditatem peto, et corpora, et actiones omnes, quæ in hereditate sunt, videntur in petitionem deduci. » De telle sorte, par exemple, que si, après avoir succombé dans la revendication de l'hérédité, je poursuis un débiteur de la succession, il pourra m'opposer victorieusement l'exception *rei judicatæ* (1).

XVIII. Je serais également repoussé par cette exception, si après avoir agi contre le débiteur, je réclamais l'hérédité (2). On retrouve en effet, dans ce cas comme dans le précédent, tous les éléments constitutifs de la *eadem quæstio* : même objet, car la créance qui a fait l'objet du premier litige est nécessairement comprise dans la seconde action, puisque je ne puis pas demander les biens héréditaires, moins cette créance, à raison de la maxime : *Nec idem ex parte testatus, et ex parte intestatus decedere potest* (3); même cause, car j'agis dans les deux instances en la même qualité, en me fondant sur le même titre.

XIX. La loi 30 princ. de notre titre offre une autre application des mêmes principes. Voici l'espèce

(1) Voir encore dans la loi 21, § 1 de notre titre, une application analogue du même principe : « Sed et si speciale corpus ex grege petam, si adfuit in eo grege, puto obstaturam exceptionem. »

(2) L. 7, § 5, D., *de exc. rei jud.*

(3) Inst. Just., liv. II, tit. XIV, § 5.

qu'elle prévoit : Un héritier institué pour un sixième de la succession, et qui se prétend aussi héritier *ab intestat*, réclame d'abord à ce dernier titre, contre l'un des héritiers institués, la moitié de la succession, en se fondant sur la nullité du testament (dans l'hypothèse il y a un autre héritier *ab intestat*); il succombe : pourra-t-il ensuite, en vertu du testament, revendiquer contre le même héritier le sixième de la succession? Non; car dans la première demande il est censé avoir compris l'objet de la prétention nouvelle : « Videtur in illa petitione etiam partem sextantis vindicasse. »

XX. C'est encore par application de la règle *pars in toto est*, qu'après avoir formé une demande collective comprenant plusieurs objets, on ne peut pas, si l'on a succombé, réclamer plus tard quelques-uns de ces objets seulement. Ils ont tous été déduits *in judicium* dans la première instance, et ce serait porter atteinte à la sentence rendue que d'admettre la seconde action. Ainsi, il est décidé que si j'ai revendiqué Stichus et Pamphilus comme mes esclaves, et que la propriété m'en ait été déniée, je ne pourrai pas demander ensuite l'un d'eux seulement, Stichus ou Pamphilus (1).

XXI. Au principe *pars in toto est*, dont nous venons de voir de nombreuses applications, on peut rattacher comme corollaire la règle suivante : la demande du principal comprend l'accessoire. Ce n'est là, du reste, que la conséquence d'une maxime bien connue : *accessorium sequitur principale*. Ainsi, après que j'ai

(1) L. 21, § 2, D., *de exc. rei jud.*

échoué dans la revendication d'un héritage, si une île vient à naître dans le fleuve qui borde cet héritage, évidemment je ne serai pas admis à réclamer la portion de l'île qui doit revenir au propriétaire du fonds, à moins, bien entendu, que je n'agisse cette fois en me fondant sur un titre nouveau (1).

XXII. De même, celui qui a succombé dans la réclamation d'un fonds ne peut pas revendiquer ensuite ce qui est venu s'y adjoindre depuis la première instance, par alluvion, accession, ou par droit d'accroissement. Ainsi, supposons que le même héritage ait été légué conjointement à deux personnes : si l'une d'elles demande l'héritage entier et qu'elle succombe, elle ne pourra pas plus tard, dans le cas où l'autre colégataire viendrait à défaillir, réclamer par droit d'accroissement la part du colégataire. Les effets de la chose jugée s'étendent à cette part elle-même, et en vertu de la maxime : *portio fundi portioni adcrescit*, celui qui a déjà la moitié de l'héritage devient propriétaire de l'autre moitié.

Toutefois, il en serait autrement si, dans la même hypothèse, il s'agissait d'un legs d'usufruit. Le colégataire qui aurait succombé dans la revendication de la totalité de l'usufruit serait parfaitement reçu à demander la part de son colégataire, si celui-ci venait à défaillir, ou si le legs était nul (*pro non scripto*) par rapport à lui. C'est ce que décide le jurisconsulte Paul, dans la loi 14, § 1; et la raison en est qu'en matière d'usufruit l'accroissement se fait toujours *non portioni, sed homini*, à raison du carac-

(1) L. 26, § 1, *de exc. rei jud.*

tère éminemment personnel de cette servitude (1).

XXIII. La demande infructueuse du capital empêche la revendication ultérieure des intérêts : il est bien certain, en effet, que des intérêts ne peuvent être dus que tout autant qu'il existe un capital qui les produit.

Mais à l'inverse, après avoir réclamé sans succès les intérêts que l'on prétend résulter d'un capital, rien ne s'oppose à ce que l'on revendique le capital lui-même : « Si in judicio actum sit, usuræque solæ petitæ sint, non est verendum, ne noceat rei judicatæ exceptio circa sortis petitionem (2). » En effet, s'il est vrai de dire que le sort de l'accessoire est intimement lié à celui du principal, il n'est pas moins incontestable que le principal ne peut dépendre de l'accessoire en aucune manière.

XXIV. Ceci nous amène à examiner le cas où l'on demande le tout, après avoir réclamé l'une des parties. Evidemment les principes que nous avons déjà expo-

(1) Voir encore la loi 33, D., *de usufructu*.

(2) Liv. 23, D., *de exc. rei jud.* — L'exception ne serait pas non plus admissible dans le cas où, après avoir demandé, à propos d'un contrat de bonne foi, les intérêts déjà échus et avoir succombé, on réclamerait les intérêts qui auraient couru depuis le premier litige. — L. 23, D., *de exc. rei jud.*, in fine.

La même décision ne peut s'appliquer aux contrats de droit strict. Dans ces contrats, en effet, la rigueur des principes ne permet pas, lorsqu'il s'agit d'une obligation qui a pour objet le payement d'une redevance périodique, d'agir deux fois en justice à raison de la même obligation. « Par exemple, si le demandeur, en vertu d'une stipulation dans laquelle il lui a été promis une certaine somme par chaque année ou par chaque mois, voulant faire payer les termes échus, agissait par cette formule gé-

sés se refusent ici, d'accord avec la nature des choses, à l'application de l'exception *rei judicatæ*, et nous pouvons, ce nous semble, poser à côté de la règle : *pars in toto est*, la règle : *non in parte totum*.

Ce n'est pas à dire, toutefois, que dans la demande du tout on puisse comprendre aussi la partie qui a fait l'objet du premier litige. Cette partie devra être retranchée; sans quoi, on soumettrait de nouveau au juge une question sur laquelle une sentence est déjà intervenue.

XXV. La règle, *non in parte totum*, n'est pas explicitement formulée par les jurisconsultes; mais elle peut s'induire de plusieurs décisions. Ainsi, la loi 20 de notre titre dispose que si, par un testament, il m'a été légué toute l'argenterie, et que croyant n'être légataire que des tables, par exemple, j'aie borné à ces tables ma demande en délivrance contre l'héritier, je pourrai, sans aucun doute, réclamer ulté-

nérale et sans limite dont l'*intentio* est ainsi conçue : « Quidquid paret Numerium Negidium Aulo Agerio dare facere oportere », comme, selon les principes du droit civil, l'obligation produite par une telle stipulation, quoique ayant pour objet des prestations successives, forme un droit unique, le demandeur se trouverait avoir déduit *in judicium* son droit tout entier; la *condemnatio* ne lui accorderait toutefois que les termes exigibles, et pour tout le reste il serait déchu comme ayant agi avant le temps. » (M. Ortolan, *Expl. des Inst.*, t. II, p. 447.)

Néanmoins on avait cherché à échapper à cette rigoureuse conséquence des principes, au moyen d'une *præscriptio* insérée en tête de la formule, et qui restreignait la demande et les effets de la sentence à tout ce qui était déjà échu de l'obligation. Voir Gaius, Comm. IV, § 131.

rieurement tout le restant de l'argenterie. Il n'y a pas, en effet, même objet dans les deux litiges, puisqu'il s'agit en second lieu d'une chose que le demandeur n'avait pas l'intention de réclamer la première fois, et que le juge, par conséquent, ne pouvait pas comprendre dans la sentence : « Quod non sit petitum, quod nec actor petere putasset, nec judex in judicio sensisset. »

La loi suivante, dans le *principium*, contient une espèce analogue à la précédente, et nous y trouvons exprimé de nouveau le motif de la décision : « Quia neque litigatores, neque judex de alio, quam de argento actum intelligant. » Il s'agit, dans ce texte, d'une première demande qui a porté seulement sur l'argenterie, léguée par un testament. Plus tard, on découvre un codicille par lequel la personne qui a succombé dans la première action est constituée, en outre, légataire des habits. Qu'est-ce qui peut dès lors empêcher cette personne de réclamer cet autre legs dans une nouvelle instance, puisqu'il n'a pu faire l'objet de la demande antérieure ? « Non est deducta in superius judicium vestis causa. »

XXVI. Jusqu'à présent, dans la plupart des hypothèses que nous avons examinées, nous avons retrouvé, dans les deux actions, une identité réelle d'objet, quoique cachée le plus souvent sous une différence apparente. Il peut arriver, au contraire, qu'il y ait entre les objets des deux litiges une apparence d'identité, bien qu'au fond ils soient parfaitement distincts.

XXVII. Ainsi, comme le dit M. de Savigny (1), on

(1) *Traité de droit romain*, traduction de M. Ch. Guenoux, t. VI, p. 426.

pourrait vouloir considérer la propriété et la possession comme deux droits sur la chose, l'un plus large, l'autre plus restreint, et dès lors envisager la possession comme partie intégrante de la propriété; mais ce serait là une grave erreur. La possession est un fait complétement indépendant de la propriété, garanti d'ailleurs par des actions spéciales. Celui donc qui a d'abord agi sans succès, au moyen d'un interdit, relativement à la possession, peut revendiquer ensuite la propriété, et *vice versa* : *quoniam in interdicto possessio, in actione proprietas vertitur* (1).

XXVIII. De même que la possession et la propriété, chaque espèce de servitude constitue un droit distinct, susceptible d'être réclamé séparément; ainsi, la revendication infructueuse de la servitude *actus* n'empêche pas la réclamation postérieure de la servitude *iter* et réciproquement (2).

XXIX. Toutefois, pour qu'il en soit ainsi, il faut que les servitudes successivement revendiquées soient des espèces de servitude parfaitement distinctes; que si, au contraire, la nouvelle demande portait sur la même servitude qui a fait l'objet du premier litige,

(1) Loi 14, § 3, D., *de exc. rei jud.* La loi 12, § 1, D., *de acquirenda vel amittenda possessione*, est formelle quant à l'hypothèse inverse : « Nihil commune habet proprietas cum possessione : et ideo non denegatur ei interdictum uti possidetis, qui cœpit rem vindicare; non enim videtur possessioni renunciasse, qui rem vindicavit. » Nous verrons que notre droit, au contraire, se fondant sur cette présomption, ne reconnaît pas à celui qui a d'abord agi au pétitoire le droit d'agir ensuite au possessoire.

(2) Loi 11, § 6, D., *de exc. rei jud.*

mais seulement plus étendue ou plus restreinte, on serait fondé à invoquer l'exception *rei judicatæ*. Ainsi, après avoir réclamé sans succès le droit d'élever ma maison de dix pieds, je ne pourrai pas prétendre avoir le droit de l'exhausser de vingt ou de dix autres pieds. Il s'agit ici, dans les deux actions, de la même servitude, *altius tollendi*, et d'ailleurs, ainsi que le dit le jurisconsulte Africain, « aliter superior pars jure haberi non potest, quam si inferior quoque jure habetur (1). »

XXX. Pour terminer ce qui a rapport à l'identité d'objet, il nous reste à examiner le cas où, après avoir demandé la pleine propriété, on réclame l'usufruit ou l'usage, et *vice versa*.

XXXI. Le droit de propriété se compose, nous le savons, de trois éléments : *jus utendi*, *fruendi*, *abutendi*. Dès lors, celui qui a succombé dans la revendication de la pleine propriété ne peut demander, en vertu de la même cause, l'usufruit, l'usage, ou simplement la nue propriété : cela est incontestable.

XXXII. La plupart des auteurs regardent le paragraphe 3 de la loi 21 de notre titre comme une consécration de ce principe, en ce qui concerne l'usufruit. La première partie de ce paragraphe porte en effet : « Si fundum meum esse petiero, deinde postea usumfructum ejusdem fundi petam, qui ex illa causa, ex qua fundus meus erat, meus sit, exceptio mihi obsta-

(1) Loi 26, princ., D., *de exc. rei jud.* — En vertu de ce principe, nous sommes portés à décider qu'après avoir réclamé l'usufruit, le *jus utendi et fruendi*, on ne peut pas demander l'usage, le *jus utendi*, et réciproquement.

bit ; » et les interprètes s'accordent à dire qu'il s'agit, dans l'espèce, de l'usufruit inhérent à la propriété, *causæ suæ junctus*, et qui par conséquent, ayant été compris dans la revendication du fonds, ne peut être l'objet spécial d'une nouvelle demande. Cette interprétation ne s'écarte pas sans doute des principes, mais elle ne nous paraît pas conforme à la pensée du jurisconsulte. Nous dirons tout à l'heure pourquoi, en proposant une autre explication ; mais auparavant examinons la seconde partie du paragraphe qui se relie d'une manière intime à la première. Après avoir posé le cas où la revendication du fonds empêche la réclamation ultérieure de l'usufruit, Pomponius ajoute : « Sed si usumfructum, cum meus esset, vindicavi, deinde proprietatem nanctus, iterum de usufructu experiar, potest dici alia res esse. » Cette partie du texte est généralement expliquée par les interprètes d'après la distinction en usufruit *causal* et en usufruit *formel*. Ainsi, d'après eux, voici quelle serait l'espèce : j'aurais d'abord réclamé sans succès l'usufruit d'un fonds appartenant à autrui (l'usufruit formel); plus tard, ayant acquis la propriété de ce fonds, j'en revendiquerais l'usufruit, non plus comme droit distinct et séparé, mais comme inhérent à la propriété (l'usufruit causal) : ma nouvelle demande devrait-elle être repoussée par l'exception *rei judicatæ?* Certainement non, car elle n'est plus fondée sur la même cause ; je prétends maintenant à l'usufruit *jure proprietatis, quasi ex nova causa.*

Cette décision est encore conforme aux principes ; mais en trouvons-nous réellement la consécration dans la loi même que nous étudions ? L'interprétation de ce texte, telle qu'elle est généralement admise, ne dénature-t-elle pas le sens des mots, ne va-t-elle pas contre l'esprit du jurisconsulte ?

Nous remarquerons d'abord que le mot *ususfructus*, dans le Digeste, lorsqu'il est employé seul, sans être suivi d'aucune qualification, ne s'applique jamais qu'à l'usufruit proprement dit, au *jus alienis rebus utendi, fruendi*. Rien n'est donc plus arbitraire que la distinction en usufruit causal et en usufruit formel faite par les interprètes dans le texte qui nous occupe. Ce qu'il y aurait, en outre, de bien étrange, si leur explication reproduisait fidèlement la pensée de Pomponius, c'est que ce jurisconsulte aurait employé plusieurs fois dans le même texte, dans la même phrase, le mot *ususfructus*, tout en lui donnant des sens différents. Nous ne pouvons croire à une pareille anomalie, d'autant plus qu'il nous semble possible de conserver dans tous les cas au mot *ususfructus* sa signification de véritable usufruit, et de donner en même temps au texte une interprétation aussi conforme aux principes qu'à la raison.

XXXIII. Voici donc comment nous entendrions le paragraphe entier : j'ai d'abord demandé la pleine propriété d'un fonds, et j'ai succombé ; plus tard, en vertu du même titre que j'ai invoqué dans le premier litige, je réclame un droit d'usufruit sur ce fonds, un usufruit formel : ma demande sera repoussée ; pourquoi ? Parce que, en me prétendant d'abord propriétaire, j'ai par cela même décliné le titre d'usufruitier, les droits de propriété et d'usufruit ne pouvant pas reposer sur la même tête : *nemini res sua servit ;* et en conséquence, je suis censé avoir renoncé au droit de revendiquer plus tard l'usufruit, à moins d'invoquer un titre nouveau. Cette explication nous paraît résulter d'une manière évidente du motif par lequel le jurisconsulte justifie sa décision : « Quia qui fundum habet, usumfructum suum vindicare non potest. »

Rien n'empêche d'ailleurs qu'après avoir succombé dans la réclamation d'un usufruit formel, je demande de nouveau ce même droit d'usufruit. C'est dans le cas où je baserai ma seconde prétention sur une cause nouvelle. Par exemple, j'ai revendiqué sans succès un droit d'usufruit sur le fonds d'autrui : ayant acquis plus tard la propriété de ce fonds, je l'ai vendu, je suppose, à l'héritier de la personne contre laquelle j'ai formé ma première demande, mais avec réserve d'usufruit en ma faveur, *deducto usufructu*. Qu'est-ce qui peut s'opposer alors à ce que je réclame par une nouvelle action le même droit d'usufruit que le jugement m'a dénié? Le titre sur lequel je fonde ma seconde demande n'est-il pas différent de celui que j'ai primitivement invoqué? « Postquam nanctus sum proprietatem fundi, desinit meus esse prior ususfructus, et jure proprietatis, quasi ex nova causa rursus meus esse cœpit. »

XXXIV. Nous disons donc que la revendication infructueuse de la pleine propriété s'oppose à la réclamation ultérieure de l'usufruit, soit qu'on le réclame comme un droit inhérent à la propriété, soit qu'on le réclame comme un droit distinct et séparé, en d'autres termes, comme usufruit *causal* ou bien comme usufruit *formel*.

XXXV. Mais que décider dans le cas où l'on a

d'abord demandé l'usufruit ou l'usage, et où l'on revendique ensuite la pleine propriété, toujours en vertu du même titre, bien entendu? Nous croyons qu'ici encore, et à plus forte raison, l'exception *rei judicatæ* devra être appliquée; car, par cela même qu'on demande l'usufruit sur un fonds, on reconnaît qu'on n'en est pas propriétaire : le demandeur déduit nécessairement *in judicium* ces deux propositions intimement liées l'une à l'autre : je suis usufruitier; donc je ne suis pas propriétaire.

XXXVI. Les mêmes principes et le même raisonnement s'appliquent au cas où l'on réclame, au lieu d'un droit d'usufruit, un droit d'usage ou une servitude réelle sur un fonds dont on a auparavant revendiqué sans succès la pleine propriété. Pareillement, toute revendication de la pleine propriété sera interdite à celui qui aura d'abord succombé dans la demande d'une servitude quelconque (1).

Nous ne nous dissimulons pas que de semblables conséquences ne paraissent fort rigoureuses. Comment! dira-t-on, par cela seul que j'ai réclamé en vain un droit de servitude, quelque minime qu'il soit, sur un fonds possédé par un tiers, je ne serai pas

(1) Notre théorie serait complétement renversée, si l'explication que Pothier donne, dans ses *Pandectes*, de la loi 17, D., *de except. præscrip. et præj.* était exacte, et nous devrions dire au contraire avec lui : « Non *videtur idem* petere, qui postquam jus servitutis in aliqua re petiit, ipsam rem postea petit. » Mais de l'avis de presque tous les interprètes, cette loi se relie d'une manière intime à la loi précédente, et il s'agit, dans l'espèce, d'une servitude réclamée sur un autre fonds que sur celui dont on revendique ensuite la pleine propriété.

reçu à demander ensuite la propriété de ce fonds? — Mais n'est-ce pas là le plus souvent une juste punition de mon imprudence, de mon peu de soin à rechercher quelle est la nature du droit qui m'a été concédé? Ne m'était-il pas facile, avant d'agir, d'en bien préciser l'étendue, par l'examen attentif du titre sur lequel je fonde ma demande?

D'ailleurs les effets de la chose jugée sont là; ils doivent, ainsi que nous l'avons dit, s'appliquer rigoureusement à tout ce qui a été compris dans la prétention du demandeur d'une manière explicite ou virtuelle. Or, encore une fois, dans les hypothèses que nous venons d'examiner, il nous semble que ce qui fait l'objet de la seconde demande se trouve, par une conséquence nécessaire, avoir reçu une solution dans le premier litige.

XXXVII. Ces décisions ne sont du reste, hâtons-nous de le remarquer, nullement contradictoires à celles que nous avons données plus haut relativement aux servitudes. Nous avons vu qu'on peut réclamer successivement sur le même fonds, en vertu du même titre, deux ou plusieurs servitudes quelconques, pourvu toutefois qu'elles soient distinctes les unes des autres. Mais pourquoi en est-il ainsi? c'est parce qu'il n'est pas possible de soutenir dans ce cas que la première demande contient implicitement une renonciation à ce qui fait l'objet de la seconde. En effet, tandis que les principes du droit et la nature des choses s'opposent à ce que je sois propriétaire d'un fonds et à ce que je possède en même temps sur ce fonds la moindre servitude, rien n'empêche que j'aie à la fois plusieurs servitudes sur le même héritage, et je puis les revendiquer successivement, sans contredire en aucune manière les prétentions déjà formées.

SECTION II.

DE L'IDENTITÉ DE LA CAUSE.

XXXVIII. L'identité d'objet ne suffit pas, nous l'avons vu, pour constituer la *eadem quæstio;* il faut retrouver encore dans les deux litiges *identité de cause.* Mais quand cette identité existe-t-elle aux yeux de la loi? et auparavant, que faut-il entendre par ces mots : *causa petendi?*

XXXIX. Le jurisconsulte Paul nous dit, dans la loi 11, § 4, de notre titre : *eamdem causam facit origo petitionis;* et c'est, en effet, l'origine de la prétention, le titre dont elle découle, sur lequel elle s'appuie, qui constitue l'identité de cause.

D'après cette définition, est-il difficile au juge d'apprécier si le rapport basé sur l'identité de cause existe entre la décision déjà rendue, et la nouvelle action qui lui est soumise? nous ne le pensons pas. En ne perdant jamais de vue le principe fondamental de la chose jugée, c'est-à-dire en n'oubliant jamais que le but de l'exception de la chose jugée, c'est d'*empêcher la production successive de deux décisions contradictoires et de protéger le contenu d'un jugement antérieur*, on devra arriver le plus souvent sans difficulté à une solution aussi juridiquement exacte que conforme à la raison : « Animadversa petitionis quæ ille judicio fuit causa : deinde collata causa, ex qua nunc agitur, non difficile erit ex collatione judicare utrum eadem causa petendi sit hæc posterior, an alia (1). »

XL. Toutefois, avant d'exposer les principes relatifs à l'identité de cause, il importe de bien distinguer ce qui constitue réellement la cause de la demande, de divers autres éléments que l'on pourrait être tenté de confondre avec cette cause elle-même.

XLI. Il faut d'abord se garder de prendre pour la cause les différents moyens employés pour l'établir et la justifier. C'est sans doute cette confusion que veut prévenir le jurisconsulte Nératius, lorsqu'il détermine ainsi la cause : *causa proxima actionis ;* et, du reste, le sens et la portée de ces mots sont parfaitement précisés par la suite du texte : « Nec jam interest qua ratione quis eam causam actionis competere sibi existimasset, perinde ac si quis, posteaquam contra eum judicatum esset, nova instrumenta causæ suæ repperisset (2). » Ainsi donc, pour l'application de l'exception de la chose jugée, il suffit que le titre soit le même dans les deux litiges : peu importe la différence des moyens de preuve qui sont invoqués. Admettre, dans ce dernier cas, le renouvellement de la première action, ce serait multiplier indéfiniment les procès et porter d'ailleurs atteinte à la décision rendue.

XLII. En second lieu, la cause de la demande doit

(1) Donneau (au titre *de exceptione rei judicatæ*).

(2) L. 27, D., *de exc. rei jud.*—La loi 4, au Code, *de re judicata*, donne une décision semblable : « Sub specie novorum instrumentorum, postea repertorum, res judicatas restaurari exemplo grave est. »

être soigneusement distinguée du genre d'action, que le demandeur emploie pour faire valoir son droit en justice. C'est, en effet, un principe écrit dans plusieurs dispositions de notre titre : que la diversité d'action n'empêche pas l'application de l'exception *rei judicatæ* : « De eadem re agere videtur, et qui non eadem actione agat, qua ab initio agebat (1). » Par exemple, celui qui a revendiqué sans succès une partie d'un héritage ne pourra pas agir ensuite, relativement à ce même héritage, par les actions *familiæ erciscundæ* ou *communi dividundo* (2). De même, l'acheteur qui peut, à raison d'un vice rédhibitoire dans la chose vendue, exercer l'action *redhibitoria* ou l'action *quanti minoris*, n'est pas libre, après avoir intenté l'une de ces actions, de recourir à l'autre (3).

En dehors de notre titre, le Digeste offre encore de nombreuses applications du même principe. Par exemple, quand une chose confiée à titre de gage, de dépôt ou de commodat, a été endommagée par son détenteur, le propriétaire qui a, pour obtenir la réparation du dommage, l'action résultant de son contrat ou l'action de la loi Aquilia, n'est pas recevable à intenter successivement chacune de ces actions (4).

XLIII. Du reste, ces principes ne sont applicables qu'autant que les diverses actions mises à la disposition du demandeur sont fondées sur la même cause, tendent au même but. Que si au contraire, dans la

(1) L. 5, D., *de exc. rei jud.* — Voir encore l. 7, § 4, *eod tit.*
(2) L. 8, *eod. tit.*
(3) L. 25, § 1, *eod. tit.*
(4) L. 18, § 1, D., *commod.*; l. 38, § 1, D., *pro socio*; l. 1, § 21, D., *tutelæ*; l. 4, § 5, D., *quod cum eo*.....

seconde action, le demandeur se proposait un but différent, ou basait sa prétention sur une cause nouvelle, l'exception *rei judicatæ* ne pourrait lui être opposée. Par exemple, après avoir échoué dans la revendication d'un objet, je suis encore recevable à demander ce même objet par la *condictio*. Dans la première instance, je prétendais être propriétaire; ce n'est plus qu'un droit de créance que je réclame dans la seconde (1). Toutefois, dans la même hypothèse, le droit d'agir une seconde fois par la *condictio* ne me serait pas accordé, si je ne pouvais intenter cette action qu'à titre de propriétaire, puisque ce titre m'aurait été déjà dénié par le premier jugement. Ainsi, après avoir succombé dans la revendication d'un objet qui m'a été volé, je ne pourrai pas agir de nouveau par la *condictio furtiva*.

XLIV. Ce qu'il faut entendre par cause étant bien déterminé, voyons les règles qui ont rapport à cette matière.

XLV. Pour que l'exception de la chose jugée soit admise, il faut, avons-nous dit, que la cause soit identique dans les deux litiges : d'où la conséquence que si la cause n'est pas la même, la nouvelle prétention ne peut être repoussée. Nous pouvons donc arriver à la connaissance de ce qui constitue l'identité de cause, par l'examen de ce qui en fait la différence.—Or, cette différence apparaît toutes les fois que la seconde demande est fondée sur une cause qu'on n'a pas invo-

(1) L. 31, D., *de exc. rei jud.*—De même, après avoir intenté la revendication, on pourrait exercer l'action Publicienne. L. 39, § 1, D., *de evictionibus*.

quée devant le premier juge, soit que cette cause existât déjà au moment de l'instance, soit qu'elle n'ait pris naissance que depuis.

XLVI. Supposons d'abord que la cause sur laquelle on appuie la nouvelle prétention existait lors du premier litige, concurremment avec celle que l'on a invoquée.

Ici se place une distinction fondamentale entre les actions réelles et les actions personnelles, relativement à la question de savoir si l'on doit avoir formellement énoncé dans la première instance la cause sur laquelle on prétend fonder sa demande, pour avoir le droit d'agir une seconde fois en vertu d'une cause nouvelle.

XLVII. Évidemment, lorsqu'il s'agit d'une action personnelle, par la force même des choses, la cause est toujours exprimée; car une obligation ne peut exister, indépendamment de la cause qui lui a donné naissance : c'est son origine, comme le dit M. de Savigny (1), qui lui donne une nature individuelle; et en conséquence l'action qui tend à en faire obtenir l'exécution doit spécialement se baser sur l'engagement qui a été formé. Rien n'empêche d'ailleurs que la même chose ne nous soit due à plusieurs titres par la même personne. Ainsi, par exemple, celui qui réclame une maison en vertu d'un contrat de vente, et succombe dans sa demande, peut ensuite réclamer la même maison en vertu d'un legs, sans être repoussé par l'exception de la chose jugée; car chacune de ces

(1) *Traité de droit romain*, traduction de M. Guenoux, t. VI, p. 461.

actions se fonde sur une obligation entièrement distincte et se rapporte à une question de droit spéciale (1). De même encore, celui à qui un esclave est dû à la fois en vertu d'une stipulation et d'un legs peut, après avoir réclamé cet esclave par l'action *ex stipulatu*, le réclamer de nouveau par l'action *ex testamento*, et réciproquement, « quia initio ita constiterint hæ duæ obligationes, ut altera in judicium deducta, altera nihilominus integra remaneret (2). »

XLVIII. Mais dans les actions réelles il n'en est plus ainsi. Si la même chose peut nous être due à plusieurs titres, elle ne peut en réalité nous appartenir qu'à un seul : « Non ut ex pluribus causis deberi nobis idem potest, ita ex pluribus causis idem possit nostrum esse (3). » L'action réelle peut dès lors être intentée d'une manière générale, sans que le titre sur lequel on appuie son droit de propriété soit exprimé dans la demande : seulement, dans ce cas, on est censé avoir déduit dans la première instance toutes les causes, tous les titres d'acquisition que l'on aurait pu invoquer à l'appui de son droit. Ainsi, supposé que j'ai succombé dans la revendication d'un fonds intentée *non expressa causa*, je ne pourrai plus représenter la même demande en justice, à moins d'invoquer une nouvelle cause survenue postérieurement au premier litige. Pour me réserver la faculté d'agir

(1) *Traité de droit romain*, traduction de M. Guenoux, t. VI, p. 461.

(2) L. 18, D., *de oblig. et act.*—Voir encore, comme application de ces principes, les lois 28, § 13 et 14, D., *de liberat. leg.*

(3) L. 159, D., *de (diversis) regulis juris antiqui.*

de nouveau, j'aurais dû expressément formuler dans la première action la cause sur laquelle je prétendais la fonder.

XLIX. Cette distinction entre les actions réelles et les actions personnelles se trouve établie, de la manière la plus explicite, par le jurisconsulte Paul, dans la loi 14, § 2. Voici, en effet, ce qu'il dit : « Actiones in personam ab actionibus in rem hoc differunt : quod cum eadem res ab eodem mihi debeatur, singulas obligationes singulæ causæ sequuntur, nec ulla earum alterius petitione vitiatur; at cum in rem ago, non expressa causa, ex qua rem meam esse dico, omnes causæ una petitione adprehenduntur : neque enim amplius quam semel res mea esse potest; sæpius autem deberi potest. »

L. Ainsi, dans les actions *in rem*, il faut avoir le soin d'exprimer dans la première action la cause à laquelle on entend rapporter l'origine de son droit de propriété, pour être recevable à former une nouvelle demande. Et peu importe que le demandeur ait eu dans sa pensée de baser uniquement sa réclamation sur telle ou telle cause; l'intention qu'il a eue n'est nullement à considérer, serait-il même certain qu'au moment où il a agi il ignorait l'existence d'un autre titre d'acquisition que celui qu'il a invoqué : « Aliam causam mutata opinio petitoris non facit (1). » Ainsi, croyant avoir, comme héritier, un droit de propriété sur un héritage, je le revendique, mais sans déterminer expressément la cause qui sert de fondement à ma prétention. Si plus tard je viens à

(1) L. 11, § 5, D., *de exc. rei jud.*

découvrir que cet héritage m'appartient à un autre titre, en vertu d'une donation, par exemple, je ne pourrai pas renouveler la première demande, en la fondant sur ce nouveau titre d'acquisition : « Utputa opinabatur (petitor) ex causa hereditaria, se dominium habere; mutavit opinionem, et cœpit putare ex causa donationis : hæc res non parit petitionem novam; nam qualecunque et undecunque dominium adquisitum habuit, vindicatione prima in judicium deduxit (1). »

La loi 11 de notre titre, où se trouve cette hypothèse, en renferme une autre analogue dans le § 1. — Après avoir revendiqué d'une manière générale un esclave que je croyais avoir acquis par tradition, je reconnais que cet esclave m'appartenait *ex causa hereditaria* : si je le réclame de nouveau en me fondant sur ce titre, je devrai être repoussé par l'exception de la chose jugée.—Toutes les fois donc, en thèse générale, que, relativement à une action réelle, on n'aura pas formellement exprimé dans la première instance la cause en vertu de laquelle on prétend agir, on ne sera plus admis à reproduire la même action, bien qu'on prétende la fonder sur un nouveau titre.

LI. Cependant, certaines considérations d'équité peuvent faire fléchir la rigueur de ces principes. Le magistrat aura dans quelques cas la faculté d'accorder une espèce de *restitutio in integrum* à celui qui, n'ayant pas eu la précaution de formuler expressément dans le premier litige la cause à laquelle il en-

(1) L. 11, § 5, D., *de exc. rei jud.*

tendait rapporter son droit de propriété, se trouverait ainsi déchu, sans le bénéfice de cette restitution, du droit de former une seconde demande.

Nous trouvons dans le *principium* de la loi 11 de notre titre un exemple de cette exception aux principes. Voici l'hypothèse prévue par le texte : Un homme avait laissé en mourant un testament pour lui-même et un testament pupillaire pour son fils, impubère. Ce fils meurt bientôt après, et sa mère, comme héritière *ab intestat*, poursuit le possesseur de la succession, en vertu du sénatus-consulte Tertullien, prétendant que ce testament de son mari est rompu, et que par là le testament pupillaire de son fils se trouve annulé, mais sans exprimer formellement dans sa demande la cause sur laquelle elle fonde son droit, la rupture du testament. Cette allégation est reconnue inexacte, et l'action rejetée. Mais lorsqu'on ouvre le testament pupillaire, on n'y trouve aucun héritier substitué, et la mère attaque de nouveau le même possesseur, en qualité d'héritière *ab intestat*. Le jurisconsulte Nératius dit que cette action doit être écartée par l'exception de la chose jugée. Ulpien reconnaît que cela n'est pas douteux, selon la rigueur des principes, puisque toutes les causes sur lesquelles la demanderesse peut établir son droit ont été déduites *in judicium* dans la première instance. Toutefois, il accorde à la mère un expédient, un secours, une espèce de *restitutio in integrum* qui lui permet d'intenter la même action une seconde fois. «Ego exceptionem, dit ce jurisconsulte, obesse ei rei judicatæ non dubito : sed ex causa succurrendum erit ei, quæ unam (tantum) causam egit rupti testamenti.» Il serait, en effet, trop rigoureux de faire supporter à une femme les conséquences de son ignorance du droit : la fragilité de son sexe est, aux yeux de la loi romaine, une excuse et un motif d'indulgence.

LII. Au surplus, nous sommes disposé à admettre que le magistrat pourrait accorder une semblable restitution toutes les fois que le demandeur se trouverait, par l'application de l'exception de la chose jugée, exposé à un préjudice grave qu'il aurait été dans l'impossibilité de prévenir. Ce pouvoir discrétionnaire confié au préteur nous paraît résulter des termes mêmes de l'édit : « Item si qua alia mihi causa justa esse videbitur, in integrum restituam (1). »

LIII. La règle que, « dans les actions réelles, la cause doit être explicitement formulée pour avoir le droit d'agir de nouveau, » est posée d'une manière si nette et si précise dans les lois 14, § 2, et 11, § 2 de notre titre, qu'elle nous semble à l'abri de tout doute et de toute controverse; et, en effet, les anciens interprètes du droit romain n'avaient jamais songé à en contester l'existence et la légitimité. Cependant, de nos jours, plusieurs auteurs, en Allemagne surtout, l'ont combattue comme contraire aux principes de la chose jugée et incompatible avec les formes de la procédure romaine; mais leur système ne nous paraît nullement soutenable, en présence des textes si formels dont nous venons de parler (2).

(1) L. 1, § 1, *in fine*, D., *in quibus causis majores*, etc.

(2) M. de Savigny, dans son *Traité de droit romain*, a consacré une longue et savante dissertation à la réfutation de ce

Le principal argument sur lequel ils fondent leur théorie, c'est qu'à l'époque du régime formulaire (et nous ne devons pas oublier que c'est sous l'empire de ce régime que les jurisconsultes Paul et Ulpien ont écrit), il est de toute impossibilité d'assigner au droit réclamé, dans la formule de l'action *in rem*, une origine exclusive et distincte. Mais, en supposant que cette réserve ne puisse être faite dans l'*intentio* à cause de la généralité de ses termes, *si paret hominem Stichum Auli Agerii esse*, qu'est-ce qui empêche de l'exprimer en tête de la formule, au moyen d'une *præscriptio*?

LIV. Il nous reste maintenant à examiner le cas où la nouvelle demande est fondée sur une cause survenue postérieurement au premier litige. Dans cette hypothèse, c'est une règle incontestée que l'action du demandeur ne peut être repoussée par l'exception de la chose jugée; et cette règle s'applique aussi bien aux actions réelles qu'aux actions personnelles : le premier jugement ne peut, en effet, avoir prononcé que sur les rapports de droit, tels qu'ils existaient au moment où il a été rendu (1).

système. (*Traité de droit romain*, trad. de M. Guenoux, t. VI, p. 511 et suiv.)

(1) Il y a des personnes qui soutiennent que, dans les actions réelles, on ne peut invoquer dans la seconde action la cause survenue postérieurement au premier litige, qu'autant que dans ce premier litige on a exprimé la cause sur laquelle on fondait son droit. Elles appuient leur opinion sur la généralité de ces termes : « At cum in rem ago non expressa causa, ex qua rem meam esse dico, omnes causæ una petitione adprehenduntur; » mais évidemment il ne peut s'agir dans ces mots : *omnes causæ*

LV. En ce qui concerne les actions *in rem*, cette règle est formellement écrite dans la loi 11, § 5 de notre titre : « Adquisitum postea dominium aliam causam facit. » Par conséquent, si, après avoir revendiqué sans succès un esclave ou un domaine, j'acquiers, par donation ou autrement, cet esclave ou ce domaine, je pourrai agir une seconde fois en me fondant sur mon nouveau titre d'acquisition. « Cæterum, si forte petiero fundum vel hominem, mox alia causa nova post petitionem mihi accesserit, quæ mihi dominium tribuat, non me repellet ista exceptio (1). » L'exception de la chose jugée ne me serait pas non plus opposable dans l'espèce suivante : Une chose m'a été léguée conditionnellement ; *pendente conditione*, j'acquiers cette chose à un titre quelconque, et je la revendique ; mais je succombe. Plus tard, la condition

adprehenduntur, que des causes existant déjà lors de la première action. Autrement, le jugement produirait ses effets relativement à des choses qu'il n'a été ni dans la volonté ni au pouvoir du demandeur de déduire *in judicium* dans la première instance, et sur lesquelles le juge n'a pas pu par conséquent prononcer.

(1) L. 11, § 4, D., *de exc. rei jud.* — Toutefois, si après la revendication infructueuse que j'aurais faite d'un esclave, celui-ci venait à tomber entre les mains de l'ennemi, et que plus tard le possesseur contre lequel j'ai intenté ma première action l'eût recouvré, je ne serais pas reçu à le revendiquer de nouveau. Dans une semblable hypothèse, le second litige porte évidemment, comme le dit Ulpien (*loc. cit.*), sur la même question : *eadem res esse intelligitur*. L'effet du *postliminium* est de rendre à l'esclave la position qu'il avait avant d'être pris par l'ennemi, et à ce moment, il avait été déjà jugé que je n'en étais pas propriétaire.

se réalise; je pourrai dès lors réclamer la même chose à titre de légataire. On ne retrouve pas, en effet, même cause dans les deux litiges : « Alia enim causa fuit prioris dominii : hæc nova nunc accessit (1). » De même, bien que j'ai échoué dans la pétition d'une hérédité, parce je n'étais pas encore héritier au moment où j'ai formé ma première demande, rien ne s'oppose, si je le deviens plus tard, à ce que je renouvelle ma pétition (2).

C'est en vertu du même principe que si l'action en revendication a été d'abord rejetée, sur l'unique fondement que le défendeur ne possédait pas et n'avait pas cessé de posséder par dol, le même demandeur pourra dans la suite reproduire la même action en justice, si le défendeur vient à acquérir la possession. Il pourrait également agir de nouveau, si, dans les mêmes circonstances, au lieu d'une revendication, il avait préalablement exercé une action *ad exhibendum* (3).

LVI. La même décision est encore applicable au cas de la pétition d'hérédité. Ainsi, j'ai revendiqué une hérédité contre vous, alors que vous ne possédiez aucun bien qui en dépendît, et ma demande a été

(1) L. 11, § 4, *in fine*, D., *de exc. rei jud.*

(2) L. 25, princ., D., *de exc. rei jud.* — Voir encore, comme application de la même règle, la loi 12, § 2, D., *ad exhibendum* : « Sæpius ad exhibendum agenti, si ex eadem causa agat, obstaturam exceptionem, Julianus ait. Novam autem causam intervenire, si is, qui vindicandi gratia egisset, post acceptum judicium eam ab aliquo accepit : et ideo exceptionem ei non officere. »

(3) L. 17 et 18, D., *de exc. rei jud.*

rejetée : je puis renouveler plus tard la même action, si vous acquérez la possession d'un bien héréditaire. C'est ce que dit le jurisconsulte Ulpien dans le *principium* de la loi 9 de notre titre : « Et putem, sive fuit judicatum hereditatem meam esse, sive adversarius, quia nihil possidebat, absolutus est, non nocere exceptionem. »

D'après ce texte, on le voit, le juge a pu se placer à deux points de vue différents pour prononcer la sentence : sans doute, qu'il ait déclaré que l'hérédité appartient au demandeur, ou bien qu'il se soit contenté d'absoudre le défendeur par suite de son défaut de possession, le résultat est le même; l'exception de la chose jugée ne peut empêcher la reproduction de la demande : mais il existe entre les deux hypothèses des différences relatives aux formes de procédure (sous le système formulaire, bien entendu), et que nous devons signaler en passant.

LVII. Dans la première hypothèse, *sive fuit judicatum hereditatem meam esse*, le juge commence par examiner la prétention du demandeur; il la reconnaît fondée et déclare que le demandeur est en effet héritier. Seulement, le défendeur, ne possédant pas (1), ne peut être condamné, et, en conséquence, il est renvoyé des fins de la demande. Plus tard, le défendeur acquiert la possession : si le demandeur renouvelle alors contre lui la pétition d'hérédité, il pourra, selon la rigueur des principes, lui opposer l'exception de

(1) Si le défendeur avait cessé de posséder par dol, il serait tenu de la même manière que s'il possédait encore, d'après le sénatus-consulte Jouvencien.

la chose jugée ; car on retrouve dans les deux litiges les éléments qui la constituent : identité d'objet, identité de cause, identité de parties ; mais le demandeur répliquera avec juste raison que le premier jugement a été rendu en sa faveur et que par conséquent le défendeur n'est pas recevable à s'en prévaloir : « Evidenter iniquissimum est proficere rei judicatæ exceptionem ei contra quem judicatum est (1). » Il devra dès lors faire insérer dans la formule une réplique ainsi conçue : *Si secundum me judicatum non est* : sans quoi, sa nouvelle demande serait nécessairement repoussée par l'exception *rei judicatæ*.

Nous sommes d'autant plus persuadé que dans ce cas les choses doivent se passer ainsi, que nous trouvons, dans une espèce analogue, le même mode de procédure formellement établi. La loi 16, § 5, D., *de pignoribus et hypothecis*, dispose, en effet, que lorsqu'un créancier a succombé dans la réclamation d'un fonds qui lui était hypothéqué, par l'unique motif que le defendeur ne le possédait pas, rien n'empêche qu'il n'intente de nouveau l'action hypothécaire contre le même défendeur, si celui-ci vient à en acquérir la possession. Le défendeur pourra, il est vrai, opposer l'exception de la chose jugée ; mais le demandeur en paralysera les effets par la réplique : *Si secundum me judicatum non est* (2).

(1) L. 16, D., *de exc. rei jud.*

(2) Nous pouvons encore invoquer, à l'appui de cette explication, le § 1 de la loi 9, dont nous étudions le *principium*. En voici le texte : « Si quis fundum, quem putabat se possidere, defenderit, mox emerit : re secundum petitorem judicata, an

LVIII. Dans la seconde hypothèse, *sive adversarius, quia nihil possidebat, absolutus est*, le jurisconsulte prévoit le cas où, sur la pétition d'hérédité intentée contre lui, le défendeur oppose, comme fin de non-recevoir, son défaut de possession. Le juge reconnaît qu'en effet le défendeur ne possède pas, et dès lors il le renvoie immédiatement des fins de la demande, sans examiner en aucune manière si la prétention du demandeur est ou non fondée : d'où il résulte qu'il n'y a pas, à proprement parler, dans ce cas, de *res judicata*, et en conséquence, le demandeur est recevable à agir de nouveau, sans craindre d'être repoussé par l'exception *rei judicatæ*, si son adversaire devient plus tard possesseur d'un bien héréditaire.

LIX. Le principe qui permet d'intenter une seconde fois la même action, lorsqu'on invoque une cause survenue postérieurement au premier litige, s'applique, avons-nous dit, aux actions personnelles comme aux actions réelles.—Ainsi, j'ai réclamé l'exécution d'une obligation conditionnelle, *pendente conditione*, et j'ai succombé : je pourrai plus tard reproduire ma demande, si la condition vient à se réaliser. Il va sans dire, toutefois, que cette décision ne s'applique, sous le système formulaire, qu'aux cas où une semblable demande, une fois introduite, n'entraîne pas, par l'effet de la *plus-petitio*, la déchéance de l'action.

LX. De même une action personnelle qui a été

restituere cogatur? et ait Neratius, si actori iterum petenti, objiciatur exceptio rei judicatæ : replicare eum oportere de re secundum se judicata. »

rejetée, sur le fondement d'une exception dilatoire et temporaire, peut être intentée de nouveau, lorsque le motif de cette exception n'existe plus. La loi 2 de notre titre (1) nous en offre un exemple : — Le créancier d'un homme qui a omis dans son testament son fils émancipé, poursuit l'héritier institué en payement de la créance ; mais celui-ci lui oppose l'exception : *ac si non in ea causa sint tabulæ testamenti, ut contra eas bonorum possessio dari possit*, et sur le fondement de cette exception, le juge renvoie le créancier de sa demande. Cependant le fils émancipé, à qui le droit prétorien accorde une année utile pour réclamer la possession des biens, laisse passer ce délai sans user de ce bénéfice, et, en conséquence, l'héritier institué demeure définitivement maître de la succession. Le créancier pourra-t-il renouveler alors sa demande? — A la rigueur, sous l'empire du régime formulaire, et s'il s'agit d'un *judicium legitimum*, la *consummatio judicii* qui s'est opérée *ipso jure* au moment de la *litiscontestatio* devrait protéger l'héritier contre toute nouvelle poursuite : mais un pareil résultat a paru si injuste, que le préteur a cherché à y remédier, en accordant au créancier, par une espèce de *restitutio in integrum*, le droit d'agir de nouveau. C'est ce que veulent dire ces mots du texte : *non inique restituetur, ut agat cum herede*. Au surplus, il n'est pas besoin d'ajouter que cette *restitutio in integrum* n'eût pas été nécessaire, s'il n'y avait pas eu consommation de l'action. En effet, dans le cas

(1) Cette loi n'est que la reproduction de la loi 15, D., *de oblig. et act.*

où le défendeur n'aurait trouvé d'abri contre la nouvelle demande que dans l'exception de la chose jugée, le juge aurait pu, de sa propre autorité, admettre la seconde action du créancier, puisque, d'après les principes que nous avons exposés, la question à décider n'est pas la même dans les deux litiges.

LXI. Il faut donc, d'après ce que nous avons dit jusqu'ici, pour qu'il y ait lieu d'admettre l'exception de la chose jugée, que la nouvelle question soumise au juge soit identique à celle qui a fait l'objet d'un jugement antérieur. — Nous trouvons encore l'application de ce principe dans les lois 15 et 30, § 1, de notre titre.

Voici les espèces prévues dans ces lois.

LXII. Loi 15 : — Supposé qu'il y ait contestation entre vous et moi, au sujet d'une hérédité dont nous possédons l'un et l'autre certains biens : rien n'empêche que j'intente contre vous la pétition d'hérédité, comme aussi vous pouvez intenter la même action contre moi. Mais si j'ai commencé par agir et qu'un jugement soit intervenu, pourrez-vous à votre tour, malgré ce jugement, me demander la même hérédité? — Pour savoir si vous avez ce droit, il importe de distinguer si le jugement a décidé que l'hérédité m'appartient ou s'il a rejeté ma prétention : « Interest utrum meam esse hereditatem pronunciatum sit, an contra. » Dans le premier cas, l'exception de la chose jugée pourra être opposée à votre demande : car, ainsi que le dit Gaïus, le juge, en me déclarant propriétaire de l'hérédité, a reconnu par là même qu'elle ne vous appartient pas : « Quia eo ipso, quo meam esse pronunciatum est, ex diverso pronunciatum videtur tuam non esse. » Dans le second cas, au contraire, *si vero meam non esse pronunciatum sit*, vous êtes recevable dans votre action; car il n'a été rien jugé relativement à votre droit : il se peut que l'hérédité n'appartienne ni à l'un ni à l'autre : *Nihil de tuo jure judicatum intelligitur; quia potest nec mea hereditas esse, nec tua*. Ce serait, au surplus, contraire à toute équité que de m'accorder dans cette dernière hypothèse l'exception de la chose jugée contre votre demande : « Evidenter enim iniquissimum est, proficere rei judicatæ exceptionem ei, contra quem judicatum est (1).»

LXIII. De cette loi on peut déduire la règle suivante : toutes les fois que, dans une action réelle, la prétention du demandeur est reconnue fondée, le droit qui fait l'objet de cette prétention est par là même dénié au défendeur. On ne saurait permettre à celui-ci d'agir à son tour relativement à ce droit, sans porter atteinte à la décision du premier juge.

LXIV. Loi 30, § 1. — A la suite d'une contestation soulevée par Titius, au sujet d'une hérédité, contre Mévius, à qui cette hérédité appartient, une transaction est survenue entre eux, par laquelle Titius s'est dessaisi en faveur de Mévius des biens héréditaires qu'il possédait. Dans la tradition qu'il lui a faite de ces biens, il a compris aussi un fonds dont il était propriétaire, mais qu'il avait hypothéqué au grand-père de Mévius plusieurs années auparavant. Ce fonds avait été, en outre, hypothéqué par Titius à un autre

(1) L. 16, D., *de exc. rei jud.*

créancier, postérieurement à la concession de la première hypothèque.

Ce dernier créancier intente dès lors l'action hypothécaire contre Mévius, possesseur du fonds, et triomphe, parce que celui-ci n'excipe pas de l'hypothèque consentie à son grand-père, et dont il n'a d'ailleurs aucune connaissance. — Cependant, après le jugement, Mévius trouve parmi les papiers de son grand-père un écrit, duquel il résulte que Titius a hypothéqué à celui-ci le fonds livré en vertu de la transaction. — Mévius peut-il alors agir contre le créancier qui a triomphé dans la première instance, et réclamer le fonds que son grand-père avait reçu en gage, sans craindre d'être repoussé par l'exception de la chose jugée?

Voici quelle est la décision du jurisconsulte Paul : Si, dans le premier procès, la propriété même du fonds avait été l'objet du litige et que le demandeur eût triomphé, sans nul doute (et ce n'est là qu'une application du principe posé par Gaïus dans la loi 15 dont nous venons de parler), le défendeur ne serait pas recevable à revendiquer le fonds en son nom (1). Mais comme, dans le cas prévu, il s'est agi d'une action hypothécaire intentée par un créancier, il peut se faire que le droit même du possesseur n'ait pas été déduit *in judicium*. En effet, s'il est vrai que,

(1) « Si de proprietate fundi litigatur, et secundum actorem pronunciatum fuisset, diceremus, petenti ei, qui in priore judicio victus est, obstaturam rei judicatæ exceptionem : quoniam de ejus quoque jure quæsitum videtur, cum actor petitionem implet. »

dans une question de propriété, il est nécessairement prononcé sur le droit du défendeur qui succombe, parce que, encore une fois, ce qui est déclaré la propriété du demandeur est reconnu forcément ne pas appartenir au défendeur, on ne peut pas dire qu'il en soit de même dans une question d'obligation. De ce qu'un créancier prouve qu'une chose lui est due, il ne s'ensuit pas que la même chose ne puisse être également due à son adversaire. — Aussi le jurisconsulte incline-t-il, sur ces motifs, à permettre à Mévius d'agir de son côté contre le créancier : « Et probabilius dicitur, non obstare exceptionem : quoniam de jure possessoris quæsitum non est, sed de sola obligatione (1). »

LXV. On le voit donc, le fondement de la décision donnée par le jurisconsulte Paul, dans cette loi, c'est que la question agitée dans la nouvelle instance n'est nullement contradictoire à celle qui a été soumise au premier juge.

LXVI. Il en serait autrement, bien entendu, si

(1) Toutefois, dans l'espèce proposée, on pourrait dire que, par suite de l'acquisition que Mévius a faite du fonds hypothéqué, le droit d'hypothèque s'est trouvé éteint par confusion. Aussi le jurisconsulte va-t-il au devant de cette objection, et il la réfute en disant que, d'après les règles spéciales au droit d'hypothèque, ce droit ne s'éteint que par le payement fait au créancier. « In proposita autem quæstione magis me illud movet, numquid pignoris jus extinctum sit dominio adquisito; neque enim potest pignus perseverare domino constituto creditore : actio tamen pignoratitia competit; verum est enim, et pignori datum, et satisfactum non esse ; quare puto non obstare rei judicatæ exceptionem. » —(Voir loi 13, § 4, D., *de pignoribus et hypothecis.*)

Mévius eût excipé dans le premier litige, pour se défendre contre l'action du créancier, de ce que le fonds avait été hypothéqué antérieurement à son grand-père. Dans ce cas, s'il eût succombé, la découverte d'une pièce décisive, après le jugement, ne pourrait l'autoriser à intenter une nouvelle action, d'après ce que nous avons dit plus haut; car il déduirait ainsi de nouveau *in judicium* une question déjà jugée. C'est ce que nous enseigne du reste le jurisconsulte Marcellus, dans la loi 19 de notre titre : « Duobus diversis temporibus eandem rem pignori dedit : egit posterior cum priore pignoratitia, et obtinuit : mox ille agere simili actione instituit. Quæsitum est : an exceptio rei judicatæ obstaret? Si opposuerat exceptionem rei sibi ante pignoratæ, et nihil aliud novum et validum adjecerit, sine dubio obstabit : eandem enim quæstionem revocat in judicium. »

CHAPITRE II.

Quand y a-t-il dans les deux litiges *eædem personæ*?

LXVII. Non-seulement la question soumise au juge doit être la même dans les deux litiges, ainsi que nous venons de le voir, mais il faut encore, pour l'application de l'exception de la chose jugée, que cette question soit soulevée entre les mêmes personnes. C'est ce que nous apprend Ulpien, dans un texte déjà cité : « Exceptio rei judicatæ obstat, quotiens inter easdem personas eadem quæstio revocatur. »

Cette restriction dans les effets de la chose jugée, on n'a pas de peine à le comprendre, est fondée sur la raison et sur la plus stricte justice. Nulle atteinte plus grave ne pourrait être portée à la sécurité de nos droits, que d'étendre l'influence d'un jugement aux personnes qui sont restées étrangères au procès, et d'attribuer ainsi à la sentence du juge, malgré l'incertitude des appréciations humaines, la force et les caractères d'une vérité absolue. Aussi les jurisconsultes romains ont-ils proclamé, dans des dispositions nombreuses, le principe de l'effet purement relatif des jugements : « Sæpe constitutum est res inter alios judicatas aliis neque prodesse neque præjudicare (1). »

LXVIII. La chose jugée n'a par conséquent de force qu'entre les parties qui sont intervenues dans le litige : son autorité ne peut être invoquée que par elles et contre elles. — Mais faut-il, pour avoir été partie dans un procès, y être intervenu en personne, y avoir figuré par soi-même? — Si c'était là la condition que réclame la loi par ces mots, *eædem personæ*, l'ombre d'une difficulté ne pourrait s'élever; mais nous savons que dans le domaine du droit, ce qui constitue la personnalité dépend uniquement du rôle qu'on est chargé de représenter sur la scène juridique, de sorte que la même personne physique peut revêtir plusieurs *masques* différents, comme aussi plusieurs individus peuvent se confondre dans une seule et même personnalité; et dès lors, il devient parfois difficile d'apprécier quand l'identité existe, aux yeux de la loi, entre les personnes qui interviennent dans les deux litiges.

LXIX. Il n'est donc pas nécessaire, disons-nous, pour avoir été partie dans un procès, d'y avoir figuré par soi-même; il suffit d'y avoir été légalement représenté. Mais quelles sont les personnes qui s'identifient avec nous, de manière à nous représenter en justice, et qui ont ainsi le pouvoir de nous lier par les jugements rendus avec elles? — Toutes celles, dit Ulpien, *quæ rem in judicium deducere solent* (2). Or, on peut

(1) Loi 63, D., *de re judicata.* — La loi 2, Cod., *quibus res judicata non nocet*, s'exprime ainsi : « Res inter alios judicatæ, neque emolumentum afferre his qui judicio non interfuerunt, neque præjudicium solent irrogare. »

(2) L. 4, D., *de exc. rei jud.*

ranger ces personnes en deux catégories : 1° celles par qui nous avons acquis la propriété d'une chose ou d'un droit, et dont nous sommes par conséquent les ayants cause; 2° celles qui ont reçu de notre volonté ou de la loi elle-même le mandat d'agir en notre nom, de poursuivre et de défendre nos droits.

LXX. Parmi les personnes de la première catégorie, il faut comprendre tout d'abord, comme ne formant juridiquement qu'une seule et même personnalité, le défunt et son héritier.

Ainsi, tout héritier *ab intestat* ou testamentaire peut invoquer les jugements que le *de cujus* a obtenus, comme aussi il doit subir ceux rendus contre lui. Il est même tenu, *ultra vires successionis*, des condamnations prononcées contre le défunt, s'il est héritier pur et simple, s'il n'a pas invoqué les bénéfices que le droit prétorien a établis en sa faveur (1). — Quant aux autres successeurs universels, *qui sunt loco heredum*, ils sont également liés par les jugements rendus avec le défunt; mais, dans aucun cas, ils ne sont obligés d'en subir l'exécution sur leurs propres biens.

LXXI. Le sort des legs, comme de toutes les dispositions testamentaires, dépend essentiellement, nous le savons, de l'existence et de la validité de l'institution d'héritier. Cette institution, ce fondement du testament

(1) S'il est héritier *nécessaire*, il peut invoquer le bénéfice de *séparation de biens;* s'il est héritier *sien et nécessaire*, le bénéfice d'abstention. — A dater de Justinien, tous les héritiers peuvent, au moyen *du bénéfice d'inventaire*, limiter aux biens recueillis dans la succession les charges qui pèsent sur elle.

entier, *fundamentum totius testamenti*, venant à tomber, toutes les autres dispositions tombent avec elle. C'est dès lors une conséquence directe de ces principes, que le jugement rendu contre l'héritier institué, sur la poursuite d'un héritier légitime, et qui a déclaré le testament nul, soit opposable à tous les légataires, bien qu'ils aient été étrangers au procès. Si l'héritier institué est libre d'anéantir par une renonciation les droits des légataires, à plus forte raison doit-il pouvoir les compromettre en justice.

Toutefois, le jugement prononcé contre l'héritier ne fait loi pour les légataires qu'autant qu'il a été rendu contradictoirement avec lui, et sans aucune collusion (1); autrement, les légataires pourraient appeler de ce jugement, ou bien poursuivre de leur chef l'héritier légitime qui a triomphé : « Si suspecta collusio sit legatariis inter scriptos heredes, et eum qui de inofficioso testamento agit, adesse etiam legatarios et voluntatem defuncti tueri constitutum est : eisdemque permissum est etiam appellare, si contra testamentum pronunciatum fuerit (2). »

LXXII. En second lieu, le jugement rendu avec l'auteur ou l'aliénateur d'une chose ou d'un droit produit, à l'égard de ceux qui lui ont succédé, à titre particulier, en ce qui concerne cette chose ou ce droit,

(1) L. 17, § 1, D., *de inoff. test.* « ..... Si herede non respondente secundum præsentem judicatum sit, hoc casu non creditur jus ex sententia judicis fieri. » — Voir encore l. 5, § 1 et l. 14, § 1, D., *de appell. et relat.*

(2) L. 29, princ. D., *de inoff. test.* — Voir encore l. 12, C., *de test. manum.*

les mêmes effets que vis-à-vis de l'auteur lui-même (1), sous la condition, toutefois, que ce jugement ait été rendu sur une demande formée avant l'aliénation.

Ainsi, la chose jugée en faveur du vendeur ou contre lui profite ou nuit à l'acquéreur.

Exemple : étant, vous et moi, héritiers de Titius, vous avez formé, contre Sempronius, demande, pour votre part, dans un fonds que vous prétendiez appartenir en entier à la succession, et vous avez succombé. Depuis, j'ai acheté de Sempronius cette même part que vous avez réclamée en vain, et, en outre, j'ai acquis d'une manière quelconque la possession de la part qui me revient à moi-même; alors vous intentez contre moi l'action *familiæ erciscundæ*, pour obtenir le partage de ce fonds; mais je puis vous opposer l'exception de la chose jugée, comme pourrait le faire Sempronius; car, par la vente qu'il m'a consentie, il m'a transmis tous les droits qu'il avait sur la chose vendue (2).

Autre exemple : si j'ai demandé à mon voisin la destruction d'un ouvrage qui faisait refluer les eaux

(1) L. 28, D., *de exc. rei jud.*

(2) L. 11, § 3, D., *eod. tit.* — Une chose à remarquer dans cette loi, c'est que la seconde action que vous formez contre moi, l'action *familiæ erciscundæ*, n'est plus la même que celle que vous avez d'abord intentée contre Sempronius; mais nous savons que la diversité dans le genre d'action n'empêche pas, à elle seule, l'application de l'exception *rei judicatæ*, lorsque, d'ailleurs, les deux litiges contiennent les trois éléments qui constituent la chose jugée. Or, dans l'espèce de cette loi, il y a non-seulement identité d'objet et de cause, mais encore, par la relation qui existe entre l'auteur et l'ayant cause, il y a identité juridique de personnes.

pluviales sur mon fonds, le jugement rendu entre nous, quel qu'il soit, aura, à l'égard de l'acquéreur de son héritage ou du mien, l'autorité de la chose jugée (1).

LXXIII. Mais, à l'inverse, le vendeur demeure complétement étranger au jugement rendu avec l'acquéreur; et, pour parler d'une manière plus générale, la chose jugée pour ou contre l'ayant cause ne produit aucun effet vis-à-vis de l'auteur : « Julianus scribit exceptionem rei judicatæ a persona auctoris ad emptorem transire solere : retro autem ab emptore ad auctorem reverti non debere (2). »

Ainsi, vous avez vendu un fonds héréditaire; je le revendique contre l'acquéreur et je triomphe : si, plus tard, vous venez à le revendiquer contre moi, je ne pourrai vous opposer l'exception : *at si ea res judicata non sit inter me et eum cui vendidisti;* car le vendeur, ne tirant pas son droit de l'acquéreur, n'est nullement son ayant cause (3). De même, si c'est moi qui ai succombé dans l'action que j'ai formée contre l'acquéreur, je pourrai agir ensuite contre vous, si vous êtes devenu possesseur du fonds, sans crainte d'être repoussé par l'exception de la chose jugée (4).

LXXIV. Ces diverses espèces, nous le voyons, sont prises dans le cas d'une acquisition à titre onéreux; mais nul doute que les mêmes principes ne soient

(1) L. 11, § 9, D., *de exc. rei jud.*
(2) L. 9, § 2, D., *eod. tit.*
(3) Même loi, même paragraphe.
(4) L. 10, D., *eod. tit.*

applicables en matière de contrats à titre gratuit. Par exemple, le jugement rendu avec le donateur, relativement à la chose qui a fait l'objet de la donation, et avant la transmission du droit, produit l'autorité de la chose jugée à l'égard du donataire. « La « raison en est, comme le dit Pothier, que de même « que lorsque nous faisons quelque convention, par « rapport à une chose qui nous appartient, nous « sommes censés stipuler tant pour nous que pour « tous ceux qui nous succéderont à cette chose, les« quels sont compris sous le terme d'ayant cause, et « qu'en conséquence, le droit qui résulte de cette « convention passe à tous nosdits successeurs ou « ayants cause; de même, lorsque nous plaidons par « rapport à une certaine chose qui nous appartient, « nous sommes censés plaider tant pour nous que pour « tous nos ayants cause et successeurs à cette chose, et « le droit qui résulte du jugement qui est rendu sur « cette contestation, doit passer à tous nos successeurs « et ayants cause : Eadem enim debet esse ratio judi« ciorum in quibus videmur quasi contrahere, ac « conventionum (1). »

LXXV. Nous avons déjà dit que le jugement prononcé contre l'auteur ou l'aliénateur d'une chose ou d'un droit, relativement à cette chose ou à ce droit, est opposable à l'acquéreur, mais seulement lorsqu'il est intervenu sur une demande antérieure à l'aliénation : « Quod diximus exceptionem rei judicatæ quæ auctori noceret, obesse ejus successori, ita obti-

(1) *Traité des obligations, de l'autorité de la chose jugée*, n° 55, in fine.

net, si successit postquam contra auctorem judicatum est : secus si jam ante successerat (1). »

Cette distinction entre l'acquéreur antérieur et l'acquéreur postérieur au procès est aussi juste que raisonnable. L'acquéreur postérieur, en effet, a pris les choses dans l'état où elles se trouvaient à l'époque de leur transmission, et, par conséquent, avec les diverses modifications que des jugements leur auraient déjà fait subir : *nemo in alium plus transferre potest, quam ipse habet*. L'acquéreur antérieur, au contraire, doit demeurer étranger au jugement rendu contre l'aliénateur ; car le droit qu'il a sur la chose aliénée, une fois acquis, est tout à fait indépendant de la personne qui le lui a concédé, et il n'appartient qu'à lui de le poursuivre ou de le défendre en justice.

LXXVI. On trouve d'ailleurs cette distinction nettement établie par le jurisconsulte Ulpien dans la loi 11, § 10 de notre titre. Titius a revendiqué sans succès contre vous une chose qu'il a hypothéquée à Séius, son créancier. — Celui-ci pourra-t-il de son côté vous demander cette même chose, par l'action *pignoratitia (in rem)?* Pour le savoir, il faut examiner à quel moment l'hypothèque a été constituée. — Si cette constitution est antérieure à la demande formée par Titius, le créancier sera parfaitement en droit d'agir de nouveau contre vous : « Nam et ille (Seius) petere debuit, et ego (Titius) salvam habere debeo pignoratitiam actionem. » — Au contraire, si le débiteur n'a consenti l'hypothèque qu'après avoir déjà intenté son action, l'exception de la chose jugée pourra être op-

(1) Pothier, *Pand. Justin.*, § 24; ad tit. *de exc. rei jud.*

posée au créancier comme au débiteur lui-même : « Sed si, posteaquam petit, pignori dedit, magis est, ut noceat exceptio rei judicatæ. »

La loi 3, princ., D., *de pignoribus et hypothecis*, et la loi 29, § 1 de notre titre, contiennent des dispositions tout à fait semblables. — Au surplus, il va sans dire que, pour réussir dans son action, le créancier devra prouver que la chose hypothéquée appartenait au débiteur à l'époque de la convention d'hypothèque : « Æque servanda erit creditori actio Serviana probanti, res in bonis eo tempore quo pignus contrahebatur, illius fuisse(1). » — La loi 29 exige, en outre, pour l'admission de la demande du créancier, une condition qui n'est pas exprimée dans la première loi que nous avons citée, mais qui est la conséquence des principes dont il nous reste à parler : « Si debitor de dominio rei quam pignori dedit, non admonito creditore (2) causam egerit, et contrariam sententiam acceperit, creditor in locum victi successisse non videbitur. » Et il résulte évidemment de ce texte que le jugement rendu contre le débiteur ne lie le créancier hypothécaire qu'autant que celui-ci a eu connaissance du procès engagé.

LXXVII. C'est, en effet, un principe écrit dans la loi 63, D., *de re judicata*, que lorsque celui à qui appartient, dans un litige, l'action ou la défense

(1) L. 3, princ., D., *de pignoribus et hypothecis*.

(2) Ces mots, *non admonito creditore*, semblent imposer au débiteur l'obligation d'avertir le créancier. Mais d'après la loi 63, D., *de re judicata*, où sont posés les principes relatifs à cette matière, il suffit que le créancier ait connu d'une manière quelconque le procès engagé avec le débiteur.

principale, laisse agir celui qui n'a qu'un intérêt secondaire, la sentence obtenue contre celui-ci est opposable au premier. Le principal intéressé pouvait empêcher l'autre d'engager l'instance; il pouvait du moins y intervenir : en n'usant pas de ce droit, il est censé avoir accepté pour lui-même les chances du procès. Ainsi, celui qui souffre que sa propriété soit défendue par l'ancien maître de la chose, doit se trouver écarté par l'exception de la chose jugée, à cause de la connaissance qu'il a eue de la contestation; c'est, en effet, de son consentement qu'il a laissé celui dont il tient son droit prendre fait et cause pour lui, tandis qu'il pouvait l'en empêcher : « Is, qui priorem dominum defendere causam patitur, ideo propter scientiam præscriptione rei, quamvis inter alios judicatæ summovetur, quia ex voluntate ejus de jure quod ex persona agentis habuit, judicatum est : » par exemple, si un créancier a laissé agir son débiteur touchant la propriété de la chose qu'il lui a donnée en gage; si un mari a laissé agir son beau-père ou sa femme sur la propriété des choses qu'il a reçues en dot; si l'acheteur mis en possession a laissé agir le vendeur sur la propriété de la chose vendue (1).

LXXVIII. La seconde classe de personnes qui ont le pouvoir de nous lier par les jugements rendus avec elles, sont, avons-nous dit, celles qui ont reçu de notre volonté ou de la loi elle-même le mandat d'agir en notre nom, de poursuivre et défendre nos droits.

LXXIX. Ainsi, sous Justinien, la personne chargée

(1) L. 63, D., *de re judicata.*

de nous représenter en justice, en vertu d'un mandat publiquement constaté, en d'autres termes le *procurator*, ne fait avec nous qu'une seule et même personnalité, et ce qui est jugé pour ou contre lui est censé jugé pour ou contre nous.

LXXX. Avant Justinien, la théorie de la représentation était loin d'être aussi absolue. — Voici, du reste, en quelques mots, les diverses phases qu'elle a traversées depuis les premiers temps de la législation romaine.

On ne peut se faire représenter en justice : tel est le principe du droit primitif, que nous trouvons appliqué dans toute sa force sous l'empire des actions de la loi, à part certaines exceptions qu'une impérieuse nécessité a fait successivement introduire (1).

Toutefois, une telle rigueur s'accordait peu avec les besoins de la pratique, et le système formulaire créa d'abord un moyen d'y échapper, en permettant de confier la défense de ses intérêts à un *cognitor*. Celui-ci, dès qu'il était légalement constitué, représentait d'une manière complète la personne qui lui avait donné mandat, le *dominus litis*, et sous ce rapport, il faut le dire, on remédiait à tous les inconvénients du principe, *nemo alieno nomine agere potest ;* mais la constitution d'un *cognitor* se trouvait soumise à de telles formalités (2), qu'il était le plus souvent

(1) « ..... Cum olim, quandiu solæ legis actiones in usu fuissent, alterius nomine agere non liceret, (nisi) pro populo et *libertatis causa* » (Gaius, Comm., IV, § 82). D'après Justinien, il y avait deux autres exceptions, *pro tutela et ex lege Hostilia* (Inst. Just., lib. IV, tit. X, *prooemium*).

(2) Le *cognitor* devait être constitué devant le magistrat, au

difficile de se donner un pareil représentant. Aussi permit-on, en outre, de se faire représenter par un simple mandataire ou *procurator*, constitué sans aucune forme solennelle, mais sous les conditions et avec les règles du mandat : de telle sorte que ce *procurator* agissait en son propre nom, devenait lui-même le *dominus litis*, et prenait ainsi sur lui seul les suites du procès et de la sentence. Ce dernier moyen était sans doute facile à pratiquer; mais il n'y avait pas là, à proprement parler, de véritable représentation. Le représenté pouvait agir lui-même une seconde fois, et l'adversaire ne s'assurait contre les risques de cette action nouvelle que par le bénéfice de la caution *ratam rem dominum habiturum*.

Les besoins de la pratique n'étaient donc nullement satisfaits, ni par l'institution du *cognitor*, ni par celle du *procurator* ainsi entendue; ils ne pouvaient l'être qu'autant qu'à la facilité de se donner un mandataire viendrait se joindre l'avantage d'être représenté par lui d'une manière absolue. C'est en conséquence vers ce but que tendirent les efforts de la procédure romaine, c'est-à-dire qu'on chercha à rapprocher de plus en plus le rôle du *procurator* de celui du *cognitor*. Déjà, au temps d'Alexandre Sévère, il avait été admis que le *procurator præsentis*, constitué *apud acta*, serait complétement assimilé au *cognitor*, et que dès lors il ne ferait qu'une seule personne avec le représenté. Enfin, sous le système de la procédure

moyen de paroles solennelles, et en présence de l'adversaire. (Voir Gaius, Comm. IV, § 83.—Voir aussi *Fragmenta Vaticana*, tit. 7, *de cognitoribus et procuratoribus*, § 317 et suiv.)

extraordinaire, la même prérogative fut accordée à tout *procurator*, et ce sont là les principes que Justinien consacre dans ses Institutes. Pour effacer même jusqu'au souvenir de l'institution du *cognitor*, déjà sans doute tout à fait abandonnée, ce prince a le soin de faire substituer au nom de *cognitor* celui de *procurator*, dans tous les fragments du Digeste où il en était fait mention.

LXXXI. Le *defensor*, c'est-à-dire celui qui, sans en avoir reçu mandat, se charge de défendre à une action intentée contre une autre personne, a aussi le pouvoir de représenter cette personne en justice. Seulement, les effets de cette représentation sont limités au cas où le *defensor* a obtenu un jugement favorable : « Quia adversus defensorem qui agit, litem in judicium deduxit (1). » Que si le jugement est contraire, le défendeur n'est nullement obligé de le subir ; le *defensor* seul en est responsable, et c'est pour cela que le demandeur peut l'obliger, avant que le procès s'engage, à fournir la caution *ratam rem dominum habiturum*, ou la caution *judicatum solvi*. — Ce que nous venons de dire du *defensor* s'applique évidemment à tout *negotiorum gestor*.

LXXXII. Les mandataires constitués par la loi ont, de même que les mandataires conventionnels, le pouvoir d'agir en justice au nom de ceux dont les intérêts leur sont confiés. Les jugements rendus avec ces mandataires produisent leurs effets à l'égard des représentés : ainsi, des jugements rendus avec l'agent des *municipes*, le tuteur du pupille, le curateur du

(1) L. 11, § 7, D., *de exc. rei jud.*

mineur de vingt-cinq ans et du furieux, relativement aux *municipes*, au pupille, au mineur et au furieux (1).

Toutefois, il y a certaines distinctions à faire, même sous Justinien, en ce qui concerne la représentation par le tuteur et le curateur. « Si le tuteur, en plai-« dant pour le pupille, a rempli un devoir forcé (c'est-« à-dire si le pupille, à cause de son âge, a été dans « l'impossibilité matérielle de figurer lui-même dans « l'instance), l'action *judicati* se donne au pupille ou « contre lui; mais s'il a plaidé pour le pupille, lors-« qu'il aurait pu se contenter de l'autoriser, c'est-à-« dire de compléter sa personne dans le procès, l'ac-« tion *judicati* compète au tuteur et contre lui. Il en « est de même, en admettant la même distinction, du « curateur des mineurs de vingt-cinq ans. Quant au « curateur d'un fou, l'action *judicati* compète tou-« jours au curateur et contre lui, parce que ja-« mais aucune action ne peut être donnée contre les « fous (2). »

LXXXIII. Sont considérés encore comme ne formant qu'une seule et même personne, le père et le fils, de telle sorte, par exemple, que si on a déjà revendiqué un esclave contre le fils, et qu'on ait succombé, on ne pourra pas renouveler la même demande contre le père : « Si quis hominem a filiofamilias petierit, deinde eumdem a patre petat : locum habet hæc exceptio (3). »

(1) L. 11, § 7, D., *de exc. rei jud.*
(2) M. Ortolan, *Inst. de Just.* liv. 2, p. 680.
(3) L. 11, § 8, D., *de exc. rei jud.*

LXXXIV. Jusqu'ici nous avons vu l'identité juridique de personnes exister, bien que les personnes intervenant dans les deux litiges ne fussent pas physiquement les mêmes. Il peut se faire au contraire que la même personne physique intervienne dans les deux litiges, sans qu'il y ait identité juridique, sans que, par conséquent, l'exception de la chose jugée soit opposable. Ce qui constitue, en effet, la personnalité, nous l'avons déjà dit, c'est uniquement le rôle qu'on est appelé à jouer sur la scène juridique, la qualité, la *condition* sous laquelle on se présente. Dès lors, toutes les fois que la même personne apparaîtra dans le second litige avec une qualité différente, représentera un autre rôle que celui qu'elle a joué dans le premier, sa nouvelle action ne pourra être nullement écartée. Il n'y aura plus dans les deux instances *eadem conditio personarum*.

Ainsi, celui qui a d'abord revendiqué sans succès un immeuble, en qualité de tuteur, d'héritier, de mandataire, est reçu à le revendiquer de nouveau en son propre nom, *et vice versa*.

LXXXV. On peut citer en outre les hypothèses suivantes comme des applications de ces principes.

— J'ai agi contre vous, en me fondant sur le dol de votre auteur; rien n'empêche que j'intente de nouveau la même action, en arguant de votre propre dol : « Si actum sit cum herede de dolo defuncti, deinde de dolo heredis ageretur, exceptio rei judicatæ non nocebit (1). »

— Vous vous êtes immiscé dans mes affaires et vous

(1) L. 22, D., in fine, *de exc. rei jud.*

avez revendiqué un immeuble en mon nom : votre demande a été rejetée.—Loin de ratifier l'action intentée par vous, je vous donne plus tard mandat de revendiquer le même immeuble par une action nouvelle. Le défendeur contre lequel vous agissez une seconde fois peut-il vous opposer l'exception de la chose jugée? Non, car, par suite du mandat que je vous ai conféré, vous ne plaidez pas maintenant en la même qualité que dans le premier litige : « Alia enim res facta est, interveniente mandatu. » Et, comme le dit le jurisconsulte Ulpien, il faudrait donner la même décision, si, dans une hypothèse analogue, au lieu d'une action *in rem*, il s'agissait d'une action personnelle : « Idem est, si non in rem, sed in personam actum fuerit (1). »

— La loi 54, D., *de rei vendicatione*, fournit encore un exemple semblable. L'avocat qui a soutenu pour son client une demande en revendication d'une chose qu'il ne savait pas alors être sa propriété personnelle, peut revendiquer ensuite la même chose en son nom : « Inter officium advocationis, et rei suæ defensionem multum interest : nec propterea quis, si postea cognoverit rem ad se pertinere, quod alii eam vindicanti tunc ignorans suam esse adsistebat, dominium suum amisit (2). »

(1) L. 25, § 2, D., *de exc. rei jud.*

(2) Voir aussi la loi 10, D., *de except. præscrip. et præj.* — « Modestinus respondit : Res inter alios judicata aliis non obest ; nec si is, contra quem judicatum est, heres extiterit ei, contra quem nihil pronunciatum est, hereditariam ei litem inferenti præscribi ex ea sententia posse, quam proprio nomine disceptans, antequam heres extiterit, excepit. »

LXXXVI. Nous avons posé, au commencement de cette dernière partie de notre dissertation, le principe de l'effet purement relatif des jugements. La présomption de vérité attribuée à la chose jugée n'a de force, avons-nous dit, qu'entre les personnes qui ont figuré au procès, soit par elles-mêmes, soit par un représentant. Son influence ne peut nullement s'étendre à celles qui y sont restées étrangères : « Res inter alios judicatæ neque emolumentum afferre his, qui judicio non interfuerunt, neque præjudicium solent irrogare (1). » Tout le monde comprend, du reste, l'importance, la légitimité de cette règle. — Reste maintenant à montrer par quelques exemples avec quel soin, avec quel respect, les jurisconsultes romains en sauvegardent l'application.

LXXXVII. Nous avons vu que les héritiers ne forment qu'une seule et même personne avec le défunt, et que par conséquent ce qui est jugé pour ou contre lui est censé l'être pour ou contre eux. Mais il n'en est plus de même lorsqu'on examine les cohéritiers dans leurs rapports mutuels : aucun lien ne les unit; leur droit découle, il est vrai, de la même source; il est fondé sur les mêmes titres; mais qu'importe? En se fixant sur leur tête, il est devenu pour chacun des cohéritiers un droit parfaitement distinct, et qu'il n'appartient qu'à lui de poursuivre ou de défendre en justice. C'est pourquoi il est écrit dans plusieurs lois que le jugement rendu avec l'un des cohéritiers ne peut nuire ni profiter aux autres. Ainsi, à la suite du principe que nous avons reproduit plus haut, *res*

(1) L. 2, Cod., *quibus res judicata non nocet.*

inter alios judicatæ, etc., l'empereur Gordien ajoute : « Ideo nepti tuæ præjudicare non potest, quod adversus coheredes ejus judicatum est, si nihil adversus ipsam statutum est (1). »

Le jurisconsulte Paul applique encore la même décision à une autre hypothèse dans la loi 22 de notre titre. — Une personne avait confié au *de cujus* une chose en dépôt ; elle en demande la restitution à l'un des héritiers et succombe : évidemment, si elle agit plus tard contre les autres cohéritiers, elle ne pourra pas être repoussée par l'exception de la chose jugée : « Si cum uno herede depositi actum sit, tamen et cum cæteris heredibus recte agetur, nec exceptio rei judicatæ eis proderit : nam etsi eadem quæstio in omnibus judiciis vertitur, tamen personarum mutatio, cum quibus singulis suo nomine agitur, aliam atque aliam rem facit. » Le nouveau litige s'ouvre, en effet, entre des personnes qui n'ont pas été parties dans le premier procès ; et d'ailleurs, ainsi que le fait remarquer le texte, l'objet n'est plus le même dans les deux instances, à raison de la division des droits et des obligations qui s'est faite *ipso jure* entre les cohéritiers.

Au surplus, la circonstance que le jugement aurait été rendu avec l'un des cohéritiers à la connaissance des autres ne changerait rien à la solution que nous venons de donner. Le jugement, dans ce cas, ne pourrait leur être opposable qu'autant qu'ils auraient eu la faculté d'empêcher leur cohéritier d'agir

(1) La loi 29, princ., D., *de exc. rei jud.*, contient la même disposition : « Judicatæ quidem rei præscriptio coheredi qui non litigavit, obstare non potest. »

ou de se défendre. Or, nous savons que chaque héritier a un droit tout à fait indépendant, et qu'il lui est permis de faire valoir comme il lui plaît : «Scientibus nihil præjudicat, veluti si ex duobus heredibus debitoris alter condemnatur : nam alteri integra defensio est, etiamsi cum herede suo agi scierit... Quod qui scit coheredem suum agere, prohibere eum, quominus uti velit, propria actione vel defensione utatur, non potest (1).»

LXXXVIII. Il faut le reconnaître cependant, l'application rigoureuse, en cette matière, de la maxime *res inter alios judicata*, peut conduire, dans un cas particulier, à des conséquences qu'il semble difficile de concilier avec les principes du droit romain. — Un fils, exhérédé sans juste cause dans le testament de son père, intente la *querela inofficiosi testamenti* contre les deux héritiers que celui-ci a institués. Il triomphe vis-à-vis de l'un et succombe vis-à-vis de l'autre. Dans cette hypothèse, faudra-t-il exécuter les deux jugements, et partager la succession entre le fils et l'héritier dont les droits ont été maintenus? — Mais que deviendra alors cette règle fondamentale du droit, que nous avons déjà rappelée : *Nec idem ex parte testatus, ex parte intestatus decedere potest?* Ne sera-t-elle pas nécessairement violée? — Cette difficulté, néanmoins, n'arrête pas les jurisconsultes romains, et d'après eux, chaque jugement devra conserver son autorité respective. C'est ce qu'on peut voir dans deux décisions formelles insérées au Digeste, au titre *de inofficioso testamento*, L. 15, § 2 et L. 24. Rien

(1) L. 63, D., *de re judicata*.

ne s'oppose, en effet, dans la réalité des choses, à l'exécution simultanée des deux jugements; et d'ailleurs, à vouloir appliquer la règle *nec idem ex parte testatus*, etc., quel serait celui des deux jugements dont on étendrait les effets au détriment de l'autre? — Papinien a donc bien raison de dire: «Nec absurdum videtur pro parte intestatum videri.»

LXXXIX. Toutefois, il est des circonstances où la règle, que les cohéritiers restent complétement étrangers aux effets du jugement rendu avec l'un d'eux, tombe devant une impossibilité matérielle d'application.

Par exemple, une personne a laissé deux héritiers institués, et leur a confié, à titre de fidéicommis, le soin de donner la liberté à un esclave : celui-ci agit contre l'un des héritiers pour faire reconnaître son droit, et triomphe. Après la sentence, mais avant que l'esclave ait été affranchi, l'autre héritier le revendique : la question est de savoir si, malgré le jugement obtenu par l'esclave, cette nouvelle demande doit être écoutée. A s'en tenir rigoureusement aux principes, il faudrait le décider ainsi : en effet, cet héritier n'a pu être représenté dans le premier litige, et d'ailleurs on ne peut pas dire qu'il revendique comme esclave un homme déjà en possession de la liberté, puisque, d'après la loi où se trouve relatée cette espèce, il n'est pas encore intervenu d'affranchissement : «Nec in servitutem videtur peti post rem pro libertate judicatam, nondum (ex) causa fideicommissi manumissus (1).»

(1) L. 29, princ., D., *de exc. rei jud.*

Néanmoins, ainsi que le dit le jurisconsulte Papinien, à qui nous empruntons cet exemple, la première sentence du préteur (1) devra être maintenue. Supposons, en effet, que l'homme dont le droit à la liberté a été consacré par le premier jugement soit, dans le second, adjugé comme esclave : comment alors exécuter simultanément les deux sentences? Est-il possible que le même homme soit considéré à la fois comme esclave seulement pour moitié et libre pour l'autre moitié? Non, il y aurait là quelque chose d'absurde, de monstrueux. Il faut donc attribuer à l'une des sentences le droit de fixer irrévocablement le sort de cet homme; et, conformément à la raison et à la justice, les jurisconsultes romains accordent cette prérogative à celle qui est favorable à la liberté : « Prætoris oportet in ea re sententiam servari, quam pro parte victi præstare non potest. » C'est ce que décide encore Julien de la manière la plus formelle dans une hypothèse analogue : « Et sane ridiculum est arbitrari eum pro parte dimidia duci, pro parte libertatem ejus tueri : commodius autem est, favore libertatis liberum quidem eum esse (2). » Cependant, dans le cas où, sur la poursuite de deux héritiers, deux jugements sont intervenus, dont l'un a déclaré un homme libre, tandis que l'autre le déclare esclave, il est juste que celui des héritiers

(1) Nous savons, en effet, que la connaissance des questions relatives aux fidéicommis, d'abord confiée au consul, fut attribuée dans la suite à un préteur spécial, que l'on désigna sous le nom de *prætor fideicommissarius* (Gaius, Comm. II, § 278).

(2) L. 30, D., *de liberali causa*.

qui a triomphé et qui n'en doit pas moins coopérer à l'affranchissement de cet homme, soit indemnisé par celui-ci du préjudice qu'il éprouve : aussi la loi 29, princ., de notre titre, fait-elle un devoir au juge de veiller au payement de cette indemnité : « Ita tamen, ut officio judicis indemnitati victoris futurique manumissoris consulatur (1). »

XC. De même que les cohéritiers, les colégataires ne sont nullement, dans leurs rapports réciproques, les ayants cause les uns des autres. Ils ont chacun un droit parfaitement distinct, indépendant; de telle sorte que le jugement rendu avec l'un d'eux ne peut produire aucun effet à l'égard de ses colégataires. La loi 1 de notre titre le décide ainsi dans l'hypothèse suivante : — Par un même testament, la liberté a été léguée à un esclave, et un legs d'une autre nature a été fait à une autre personne. Celle-ci intente contre l'héritier institué l'action *ex testamento*, en délivrance de son legs; mais le testament est reconnu par le juge *ruptum, irritum, vel non jure factum*, et elle succombe. Ce jugement n'empêche pas l'esclave d'agir à son tour pour réclamer la liberté : « Nec si superatus fuerit legatarius, præjudicium libertati fit. » En effet, s'il est vrai qu'on ne peut lui opposer une convention par laquelle ce colégataire a renoncé à son legs, il doit en être de même

(1) L. 29, princ., D., *de exc. rei jud.* — Ce texte contient encore une hypothèse à laquelle les mêmes principes sont applicables : « Et cum alterum ex coheredibus inofficiosi quæstio tenuit, aut etiam, duobus separatim agentibus, alter obtinuit, libertates competere placuit. »

du jugement que celui-ci a encouru : *judiciis quasi contrahimus*.

XCI. La loi 16, D., *qui potiores in pignore*, etc., nous fournit encore une preuve remarquable du respect dont les jurisconsultes romains entourent l'application de la règle *res inter alios judicata*. Voici l'espèce prévue dans cette loi : Un débiteur avait successivement hypothéqué un immeuble à trois créanciers, à Primus, à Secundus et à Tertius. Entre Tertius et Primus s'élève une contestation sur le point de savoir quel est celui des deux dont l'hypothèque doit avoir priorité de rang. Primus succombe et n'appelle point du jugement prononcé contre lui. Secundus, au contraire, qui avait aussi succombé dans une semblable contestation soulevée entre lui et Tertius, appelle de ce jugement et en obtient l'infirmation. Dans ces circonstances, le jurisconsulte Paul se demande si Tertius peut prétendre avoir la priorité de rang sur Secundus, attendu que par l'effet du jugement passé en force de chose jugée, il a cette priorité sur Primus, qui l'a d'ailleurs de son côté sur Secundus; mais il n'hésite pas à décider que la chose jugée entre Tertius et Primus ne doit produire aucun effet à l'égard de Secundus, qui est resté étranger au procès : « Nec inter alios res judicata alii prodesse, aut nocere solet : sed sine præjudicio prioris sententiæ totum jus alii creditori integrum relinquitur. »

XCII. La chose jugée n'a de force qu'entre les parties : tel est donc un des principes fondamentaux de cette matière. — Il est, toutefois, des cas où l'on ne reconnaît qu'à certaines personnes déterminées le droit de porter certaines actions en justice, et où, par conséquent, les jugements rendus avec ces personnes doivent produire une autorité absolue.

XCIII. Ainsi, lorsqu'il y a litige sur le point de savoir si l'enfant conçu pendant le mariage appartient au mari, la chose jugée avec celui-ci, seul contradicteur légitime dans un semblable procès, fait loi pour tous les membres de la famille (1).

XCIV. Ainsi encore, et par le même motif, lorsqu'un procès sur l'état d'un affranchi a été soutenu par le patron véritable ou par celui qui prétend à cette qualité, le jugement qui déclare le défendeur né libre ou affranchi, a l'autorité de la chose jugée à l'égard des tiers qui pourraient avoir intérêt à remettre en litige l'état de la même personne; par exemple, lorsqu'il s'agit de la validité du mariage que cette personne a contracté, de sa capacité d'entrer au sénat, etc. (2).

Néanmoins, pour que dans ces hypothèses le jugement produise un pareil effet, il faut qu'il ait été rendu sans aucune collusion (3) et contradictoirement (4) avec celui que la loi reconnaît comme *justus contradictor* (5).

(1) L. 1, § 16; L. 2; L. 3, princ., D., *de agnoscendis et alendis liberis.*

(2) Conf. L. 25, D., *de statu hominum*, et L. 1 et 5, D., *si ingenuus esse dicetur.* — Voir M. de Savigny, trad. de M. Ch. Guenoux, t. VI, p. 480.

(3) L. 4, D., *de collusione detegenda.*

(4) L. 27, § 1, D., *de liberali causa.*

(5) L. 3, D., *de collus. deteg.* — « Cum non justo contradictore quis ingenuus pronunciatus est, perinde inefficax est decretum, atque si nulla judicata res intervenisset. »

XCV. Sur le fondement des deux dispositions précédentes, on admet généralement que dans la législation romaine, tous les jugements rendus en matière d'état ont une autorité absolue. Mais une dérogation aussi importante au droit commun ne nous semble pas suffisamment établie par ces textes, et nous croyons qu'en dehors des deux cas dont nous venons de parler, les principes de la chose jugée doivent recevoir, en matière d'état, leur application. C'est là, du reste, l'opinion d'un des plus illustres interprètes du droit romain qui ont écrit dans ces derniers temps, de M. de Savigny (1).

XCVI. Il est, en outre, une hypothèse, en matière de succession, dans laquelle, contrairement aux principes généraux, les effets de la chose jugée s'étendent à des personnes qui n'ont pas été parties au procès. C'est lorsque, sur la plainte en *inofficiosité* intentée par une personne qui n'a pas droit actuellement à la succession *ab intestat*, le testament a été annulé ; dans ce cas, le jugement ne profite pas à celui qui l'a obtenu, mais aux personnes à qui est dévolue la succession *ab intestat* : « Si quis ex his personis, quæ ad successionem ab intestato non admittuntur, de inofficioso egerit (nemo enim eum repellit), et casu obtinuerit, non ei prosit victoria, sed his, qui habent ab intestato successionem : nam intestatum patremfamilias facit (2). »

XCVII. Nous n'avons pas à examiner, dans cette

(1) *Traité de droit romain*, trad. de M. Ch. Guenoux, t. VI, p. 479.

(2) L. 6, § 2, D., *de inofficioso testamento*.

dissertation, comme nous le ferons dans la dissertation suivante, l'influence de la chose jugée avec l'un des créanciers ou l'un des débiteurs solidaires, vis-à-vis des autres *correi stipulandi vel promittendi :* aucune difficulté ne peut s'élever sur ces questions, en droit romain. D'après les principes mêmes qui régissent la matière des obligations *corréales* (du moins jusqu'à la loi 28, au Code, *de fidejussoribus et mandatoribus*, qui change la jurisprudence préexistante sur ce point), du moment que l'un des créanciers solidaires a agi, les autres cocréanciers n'ont plus le droit d'agir; et de même, dès que l'un des débiteurs solidaires a été actionné, les autres se trouvent libérés de plein droit. En effet, un des caractères distinctifs des obligations *corréales*, c'est l'unité d'action résultant de l'existence d'un droit unique (1).

XCVIII. Les mêmes principes sont applicables dans les rapports du débiteur principal et du fidéjusseur. Le créancier peut agir, à son choix, contre le débiteur principal ou contre le fidéjusseur; mais une fois l'action intentée contre l'un ou contre l'autre, son droit est éteint, et celui qui n'a pas été poursuivi est à

(1) Il n'en est pas de même, on le sait, relativement aux obligations purement *in solidum*. Dans ces obligations, il y a pluralité d'actions, autant d'actions qu'il y a de personnes obligées. Dès lors, après avoir agi contre l'une des personnes tenues *in solidum*, rien n'empêche d'agir contre les autres tant qu'on n'a pas obtenu le payement intégral de la créance. (Voir, comme cas d'obligations *in solidum*, L. 1, § 43, D., *depositi vel contra*; L. 38, § 1, D., *de administratione et periculo tutorum*). — Au surplus, le jugement rendu avec l'un des obligés ne peut ni profiter ni nuire aux autres coobligés.

l'abri d'une nouvelle attaque : « Electo reo principali (dit le jurisconsulte Paul, dans ses *Sentences*, liv. II, tit. 17, § 16), fidejussor vel heres ejus liberatur. » Rien n'empêcherait, toutefois, le créancier de diviser son action, et d'agir pour moitié, par exemple, contre le débiteur principal, et pour l'autre moitié contre le fidéjusseur, ainsi que cela résulte de la loi 13, § 4, in fine, D., *de pignoribus et hypothecis*.

Au reste, il ne faudrait pas croire que la loi 21, § 4 de notre titre, soit contraire à ces principes. Cette loi est ainsi conçue : « Si pro servo meo fidejusseris, et mecum de peculio actum sit : si postea tecum eo nomine agatur, excipiendum est de re judicata. » Or, on le voit, il n'y a plus ici unité d'obligation et par conséquent unité d'action. D'une part, l'esclave est obligé naturellement ; et d'autre part, le maître est tenu jusqu'à concurrence du pécule. Celui qui a contracté avec l'esclave peut donc intenter contre le maître l'action *de peculio*, sans perdre pour cela le droit d'agir contre le fidéjusseur de l'esclave. Toutefois, si après avoir succombé dans la demande qu'il a formée contre le maître, il pouvait encore poursuivre le fidéjusseur, celui-ci, dans le cas où il viendrait à succomber, aurait un recours contre le maître et paralyserait ainsi les effets du premier jugement. C'est pourquoi, dans l'hypothèse prévue par le texte, on reconnaît au fidéjusseur le droit d'opposer l'exception de la chose jugée.

XCIX. La loi 28, au Code, *de fidej. et mand.*, a apporté, avons-nous dit, un changement à ces principes. Désormais, l'action une fois intentée par le créancier contre le débiteur principal ne libérera pas le fidéjusseur, et réciproquement ; et de même, en ce qui concerne les *correi promittendi*. Le créancier pourra agir jusqu'à ce qu'il soit complétement désintéressé : mais alors quel sera l'effet du jugement rendu avec le débiteur principal ou avec l'un des débiteurs solidaires, à l'égard du fidéjusseur ou des autres codébiteurs solidaires? — Nous manquons de donnée positive sur ces questions. Quoi qu'il en soit, d'après l'assimilation que Justinien établit, dans la loi 28 précitée, entre les fidéjusseurs (dans leurs rapports avec le débiteur principal) et les codébiteurs solidaires (dans leurs rapports entre eux) d'une part, et les *mandatores pecuniæ credendæ* d'autre part ; et par suite, d'après les principes qui régissent les rapports de ces derniers en matière de chose jugée, il est permis, ce nous semble, de conjecturer avec quelque fondement, que, dans les questions proposées, le jugement qui intervient ne produit d'autorité que vis-à-vis de celui avec qui il est rendu. Il y a un texte, en effet, qui nous dit, relativement aux *mandatores pecuniæ credendæ*, que si l'un d'eux triomphe dans l'instance formée contre lui, ce jugement ne peut être invoqué par les autres : « Plures ejusdem pecuniæ credendæ mandatores, si unus judicio eligatur, absolutione quoque secuta non liberantur ; sed omnes liberantur pecunia soluta (1). » A plus forte raison si un jugement avait été obtenu contre l'un d'eux, les autres devraient-ils y rester étrangers.

C. Enfin, voyons ce que les jurisconsultes romains décident, relativement aux effets de la chose

(1) L. 52, § 3, D., *de fidejussoribus et mandatoribus*.

jugée en matière d'indivisibilité. — *A priori*, et en s'en tenant aux principes, il faut admettre que le jugement rendu avec l'un des créanciers ou l'un des copropriétaires d'une chose indivisible, d'un droit de servitude, par exemple, n'a aucune autorité à l'égard des autres : car aucun mandat ne leur confère le droit de se représenter mutuellement en justice. — Et il doit en être de même par rapport aux codébiteurs d'une chose indivisible. Toutefois, ne faut-il pas déroger, en cette matière, aux principes? ou plutôt, les jurisconsultes romains n'y ont-ils pas dérogé? Généralement on soutient l'affirmative, en se fondant sur les lois 4, § 3 et 19 du titre *si servitus vindicetur*, au Digeste. Nous ne pouvons nous empêcher de le reconnaître, ces lois paraissent au premier abord bien concluantes en faveur de cette opinion; mais ne serait-il donc pas possible de les interpréter de manière à conserver intacte la solution que nous avons donnée *a priori?*

CI. La loi 4, § 3, s'exprime ainsi : « Si fundus, cui iter debetur, plurium sit, unicuique in solidum competit actio (et ita et Pomponius, lib. 41, scripsit); sed in æstimatione id, quod interest, veniet, scilicet, quod ejus interest, qui experietur. Itaque de jure quidem ipso singuli experientur, et victoria et aliis proderit; æstimatio autem ad quod ejus interest revocabitur, quamvis per unum acquiri servitus non possit. » Or, ce texte consacre-t-il d'une manière aussi formelle qu'on le prétend une dérogation aux principes? Sans doute il résulte de cette loi que si l'un des copropriétaires d'un fonds prétendu dominant fait juger qu'une servitude est due à ce fonds, les autres jouiront de cette servitude, pourront l'exercer eux-mêmes. Mais s'ensuit-il que si le propriétaire du fonds servant s'oppose à l'exercice de la servitude, ceux qui ne sont pas intervenus au procès pourront invoquer le jugement contre ce propriétaire? En aucune manière, et personne, à notre connaissance, ne le soutient. Cependant, si la chose jugée en faveur de l'un des propriétaires produisait ses effets à l'égard des autres, il devrait en être ainsi. Nous inclinerions donc à entendre la loi en ce sens, que par la force des choses, à cause de l'indivisibilité de l'objet, tant que celui qui a obtenu le jugement jouira de la servitude, les autres copropriétaires en profiteront, mais d'une manière purement indirecte, et sans qu'au fond il soit vrai de dire que les effets de la chose jugée leur sont applicables.

CII. Passons maintenant à la loi 19. « Si de communi servitute quis bene quidem deberi intendit, sed aliquo modo litem perdidit culpa sua, non est æquum, hoc cæteris damno esse : sed si per collusionem cessit litem adversario, cæteris dandam esse actionem de dolo, Celsus scribit. Idque ait Sabino placuisse. » — Pour bien saisir la pensée du jurisconsulte dans cette loi, nous croyons devoir nous placer à l'époque du régime formulaire, et voici, dès lors, comment nous interpréterions le texte. — Plusieurs copropriétaires d'un immeuble ont stipulé une servitude au profit de cet immeuble : sur le refus du promettant d'exécuter son obligation, l'un des copropriétaires agit contre lui. — En vertu des principes (nous supposons qu'il s'agit d'un *judicium legitimum*), dès le moment de la *litiscontestatio*, l'action est consommée *ipso jure*, et vu la nature et l'objet de l'obligation, elle est consommée à l'égard de tous; car le propriétaire a déduit *in judicium* le droit tout entier. — Mais que va-t-il arriver si ce propriétaire, au lieu de continuer l'instance, la laisse *périmer* (1) par sa faute? Évidemment il n'est pas équitable que cette faute préjudicie aux autres propriétaires : *non est æquum hoc cæteris damno esse.* Aussi devra-t-on leur accorder dans ce cas le droit de se faire indemniser par celui qui a intenté l'action. — Que si ce dernier avait continué l'instance, mais qu'il eût laissé triompher son adversaire par collusion, les autres copropriétaires auraient contre lui l'action *de dolo : Si per collusionem cessit litem adversario, cæteris dandam esse actionem de dolo Celsus scribit.*

CIII. Cette dernière loi s'explique donc parfaitement avec le principe de la consommation de l'action; et comme, en effet, cette loi a été écrite dans un temps où ce principe conservait encore toute son autorité, nous avons lieu de croire que l'interprétation proposée est conforme à la pensée du jurisconsulte. Mais alors cette loi ne peut plus être invoquée pour soutenir que le jugement rendu contre l'un des copropriétaires d'un fonds prétendu dominant a force de chose jugée à l'égard des autres. En conséquence, la solution donnée *a priori* nous paraît devoir être maintenue.

(1) Ce terme, emprunté à notre procédure, rend parfaitement le sens de ces mots : *litem perdidit*, qu'il faudrait se garder de traduire ainsi dans le langage juridique : Il a perdu le procès.

DROIT FRANÇAIS

Des conditions sous lesquelles ont peut invoquer l'autorité de la chose jugée.

(Interprétation de l'article 1351 du Code Napoléon.)

1. L'application du principe de la chose jugée, en matière civile, est subordonnée, dans notre droit, aux mêmes conditions que dans le droit romain. L'article 1351 du Code Napoléon s'exprime ainsi : « L'autorité de la chose jugée n'a lieu qu'à l'égard de ce qui a fait l'objet du jugement. Il faut que la chose demandée soit la même; que la demande soit fondée sur la même cause; que la demande soit entre les mêmes parties et formée par elles et contre elles en la même qualité. » — On le voit donc, aux termes de cette disposition, *identité d'objet*, *identité de cause* et *identité de personnes*, tels sont les trois éléments qui doivent se rencontrer dans les deux actions successivement formées en justice, pour qu'on puisse invoquer avec succès, contre la nouvelle demande, l'autorité de la chose jugée.

2. L'étude que nous avons déjà faite de la législation romaine sur le même sujet, nous guidera nécessairement dans cette seconde partie de notre travail : car nous n'aurons le plus souvent qu'à faire l'application des règles tracées par les jurisconsultes romains. Ils ont, en effet, posé les vrais principes de la chose jugée, et ils les ont établis sur les fondements inébranlables de la raison et de la justice. Aussi leurs théories conviennent-elles à tous les temps et à tous les peuples.

D'ailleurs, nos législateurs n'ont édicté que l'article 1351 pour réglementer cette importante matière, et ils se sont même bornés, dans les travaux préparatoires du Code, à retracer purement et simplement les termes de cet article, sans en déterminer en aucune manière le sens et la portée. Dès lors sans doute les juges doivent jouir d'une grande latitude d'appréciation dans les questions qui leur sont soumises; mais le silence qu'ont gardé les législateurs ne témoigne-t-il pas aussi de leur intention formelle de consacrer dans notre droit les règles admises par le droit romain et que notre ancienne jurisprudence avait adoptées?

3. Nous n'oublierons donc jamais, dans le cours de cette dissertation, que le but principal de l'institution de la chose jugée est d'empêcher la production successive de deux décisions contradictoires, et de protéger ainsi l'effet des jugements contre de nouvelles poursuites; et c'est pourquoi nous restreindrons rigoureusement l'application du principe de la chose jugée au cas où la nouvelle demande, par suite du rapport d'identité qui existe entre elle

et une demande précédente, serait de nature à porter atteinte à la décision rendue.

4. Ce serait, en outre, dépasser le but de cette institution et violer en même temps les premières règles de la justice, que d'étendre l'influence de la chose jugée aux personnes qui sont restées étrangères au procès. Aussi la loi dispose-t-elle que l'autorité d'un jugement ne s'exerce qu'entre les parties. Sans doute la sentence du juge s'abrite, comme nous l'avons dit, sous une présomption de vérité : *res judicata pro veritate accipitur ;* mais nous ne devons pas oublier que *cette vérité, déclarée par le juge, cette vérité souvent fictive et démentie par la réalité des faits, n'est, même dans les termes de la fiction légale, qu'une vérité relative, c'est-à-dire limitée à l'intérêt des parties et de leurs ayants cause* (1).

5. Dès lors il est bien constant que, pour qu'il y ait lieu d'invoquer la chose jugée, il faut, d'une part, que les deux demandes soient identiques, et, d'autre part, que les personnes intervenant dans les deux litiges soient les mêmes.

6. Adoptant le plan que nous avons suivi dans la dissertation précédente, nous allons étudier séparément ce qui constitue ces rapports d'identité. Nous comprendrons seulement sous le même chapitre l'identité d'objet et l'identité de cause; car ces deux conditions se résument en une seule : identité de la demande qui fait l'objet des deux litiges.

(1) M. Valette, *Revue étrangère et française*, tome IX, interprétation de l'art. 800 du Code civil.

CHAPITRE PREMIER.

Les deux demandes doivent être identiques.

7. Pour que les deux demandes soient identiques, il faut qu'elles portent sur la même question, c'est-à-dire qu'elles aient la même chose pour objet et qu'elles soient fondées sur la même cause. L'objet, c'est le but qu'on se propose d'atteindre, le bénéfice que l'on veut obtenir; la cause, c'est le titre en vertu duquel on agit; sur lequel on prétend établir la légitimité de sa prétention. — Nous avons donc à déterminer, pour établir le rapport d'identité qui doit exister entre les deux demandes, ce qui constitue 1° l'identité de l'objet; 2° l'identité de la cause : c'est ce que nous ferons dans deux sections différentes.

8. Une règle que nous ne devons jamais perdre de vue, en cette matière, est celle qui est posée par le jurisconsulte Ulpien dans la loi 7, au titre *de exceptione rei judicatæ :* « Et quidem ita definiri potest, totiens eandem rem agi, quotiens apud judicem posteriorem id quæritur quod apud priorem quæsitum est. » Cette règle, en effet, est fondamentale : elle devra nous éclairer et nous diriger dans l'examen de toutes les questions que nous traiterons sous ce premier chapitre.

SECTION PREMIÈRE.

DE L'IDENTITÉ DE L'OBJET.

9. Les deux demandes doivent d'abord, pour être identiques, avoir la même chose pour objet. Mais, ainsi que nous l'avons vu dans le droit romain, l'identité que réclame la loi, quant à l'objet, ne peut être une identité complète, intégrale. Pourvu que, pris dans sa substance, l'objet soit le même, il y a lieu d'invoquer l'autorité de la chose jugée, sans se préoccuper d'ailleurs des diverses modifications qu'il peut avoir subies dans ses qualités.

Ainsi, après avoir revendiqué sans succès contre vous une maison ou une pièce de terre, je ne serai pas recevable à exercer, quelques années plus tard, une nouvelle revendication de ces mêmes choses, sous le seul prétexte qu'elles ont changé de forme, de qualité, d'étendue. — Par exemple : la maison a reçu, depuis le premier procès, une distribution nouvelle; la pièce de terre, qui était un jardin, est devenue une terre de labour. — Ces diverses circonstances n'empêchent pas qu'au fond la chose qui fait l'objet de la seconde demande ne soit la même que celle qui a été d'abord réclamée.

10. Ce que nous disons, relativement à l'objet considéré *in individuo*, s'applique également au cas où il s'agit d'une *universalité*. Nous savons, en effet, que toute universalité est un être de raison qui ne change pas avec les biens qui la composent, de telle sorte que ceux-ci peuvent être renouvelés en entier, sans qu'elle

éprouve la moindre altération. — Par conséquent, après avoir échoué dans la demande d'un troupeau, je ne pourrai pas revendiquer ensuite ce même troupeau, quand bien même toutes les têtes qui le composaient, lors de la première instance, auraient fait place à d'autres.

11. S'il n'est pas nécessaire que l'identité, quant à l'objet, soit complète, il n'y a pas lieu d'exiger non plus que l'objet de la prétention nouvelle ait été compris explicitement dans la première demande. Il suffit, pour l'application de la chose jugée, qu'il y ait été compris d'une manière implicite ou virtuelle. — Dès lors, tout ce qui, à l'époque du premier litige, faisait partie intégrante de la chose réclamée ou s'y trouvait en germe, *en puissance*, ne peut être ensuite demandé séparément.

12. A ce sujet, nous avons à nous demander si la règle : la partie est comprise dans le tout, *pars in toto est*, que nous avons vue formulée dans la législation romaine, est encore applicable dans notre droit. Nous ferons d'abord remarquer que, dans l'esprit même des jurisconsultes romains, cette règle n'avait pas une autorité absolue, qu'elle était au contraire, dans tous les cas, subordonnée au principe que nous avons énoncé plus haut et qui domine la matière de la chose jugée : *totiens eandem rem agi*..., etc. Ces jurisconsultes n'avaient donc pas imaginé, comme le dit M. Marcadé, *de faire ici une application mécanique d'axiomes de géométrie, dont l'emploi, plus ingénieux que juste, ne pouvait manquer de conduire à l'erreur* (1).

(1) Explication de l'art. 1351, tome v, p. 157.

A leurs yeux, sans doute, la demande infructueuse du tout était le plus souvent un obstacle invincible à la réclamation ultérieure de l'une des parties; mais le juge n'en devait pas moins examiner, avant toute chose, s'il ne lui était pas possible d'admettre la seconde demande, sans s'exposer à contredire la première. Cela résulte évidemment de la loi 7, au titre *de exceptione rei judicatæ*.

Entendue avec cette restriction, nous ne voyons aucun motif de ne pas conserver dans notre droit la règle *pars in toto est*, et nous croyons du reste que, dans la plupart des cas, nos juges devront se laisser guider par elle. Cette règle est non-seulement mathématiquement vraie, mais, on ne peut s'empêcher de le reconnaître, elle est aussi le plus souvent la juste application des principes.

13. C'est pourquoi, après avoir succombé dans la revendication d'un fonds, je ne dois pas être reçu à revendiquer les fruits qui sont provenus de ce fonds, à moins, bien entendu, que je ne fonde ma seconde demande sur une cause nouvelle : restriction qu'il faut toujours faire dans les espèces que nous examinons sous cette section. — Je ne pourrai pas non plus réclamer les matériaux d'une maison dont j'ai revendiqué en vain la propriété. — De même, après que j'ai échoué dans la demande en payement d'une somme de 20,000 francs, par exemple, il ne doit pas m'être permis d'intenter une nouvelle demande de 1,000 ou 1,200 francs. — De même encore, après avoir revendiqué sans succès la propriété d'un immeuble entier, je ne serai pas recevable à demander une fraction divise ou indivise de ce même immeuble.

Et ces décisions n'ont, ce nous semble, rien de *sophistique ni de faux*, comme le prétend M. Marcadé, et, *bien loin de céder à la routine*, la doctrine qui encore aujourd'hui est à peu près unanime à les soutenir, nous paraît se conformer aux vrais principes de la chose jugée. Le juge, en rejetant la demande dans son intégralité, est censé avoir implicitement prononcé sur chacune des parties qui composent le tout, et ce serait porter atteinte à la décision rendue que d'accueillir la nouvelle prétention relative à l'une des parties.

14. Au surplus, il y a dans notre droit une raison qui n'existait pas dans le droit romain, d'admettre l'application de la règle *pars in toto est*. On sait qu'à Rome, sous l'empire des formules et en ce qui concernait les *formulæ certi*, le juge était lié par les termes de *l'intentio*, de telle sorte que, s'il reconnaissait la prétention fondée pour partie seulement, il ne pouvait y faire droit, même quant à cette partie. Dans notre législation, au contraire, rien de semblable ne limite les pouvoirs du juge; il peut très-bien accorder au demandeur une fraction seulement de ce qui fait l'objet de la prétention entière, dans le cas où la demande ainsi restreinte lui paraît suffisamment établie. S'il ne l'a pas fait, c'est donc qu'il n'a reconnu au demandeur aucune espèce de droit sur la chose réclamée.

15. A coté de la règle *pars in toto est*, on place ordinairement l'axiome contraire *non in parte totum*, et il y a des auteurs qui, prenant ce dernier axiome dans toute sa rigueur mathématique, vont jusqu'à dire que la demande infructueuse de l'une des parties n'empêche pas la réclamation ultérieure du tout, y

compris même la partie à propos de laquelle on a d'abord succombé. Mais cette théorie heurte de front les principes de la chose jugée, et nous ne saurions par conséquent l'admettre. Nous ne pouvons, dans aucun cas, reconnaître au juge le droit de prononcer sur ce qui a fait déjà l'objet d'un jugement antérieur. A appliquer donc à notre matière la règle *non in parte totum*, il faudrait la concilier avec les principes et lui faire perdre quelque chose de sa vérité géométrique. Voici dès lors en quel sens on devrait l'entendre : après avoir demandé l'une des parties, on peut réclamer toutes les autres parties dont le tout se compose.

16. Toutefois, même avec cette dernière restriction, nous ne croyons pas qu'on puisse toujours appliquer dans notre matière la règle *non in parte totum*. Ce qu'il faut examiner avant tout, nous le savons, pour apprécier le rapport d'identité qui existe entre deux demandes, c'est si la première n'a pas compris même implicitement ce qui fait l'objet de la seconde. Or, il nous semble que toutes les fois qu'une prétention a pour objet une partie *indivise* d'une chose, elle porte, juridiquement parlant, sur toutes les parties, sur toutes les molécules, si l'on veut, dont la chose se compose, et pour chacune desquelles on demande la même part, le tiers, la moitié, le cinquième, etc. — Comment dès lors déterminer, d'une manière précise, ce qui a fait l'objet de la première demande et ce qui doit faire l'objet de la seconde? D'ailleurs, dans ce cas, il est bien certain que l'attention des parties, comme celle du juge, s'est portée sur la chose entière, et nous inclinerions par conséquent à

penser que celui qui a été jugé n'avoir pas même droit à une partie indivise de la chose réclamée, a été jugé, à plus forte raison, n'avoir pas droit à la totalité de la chose. Ainsi, après avoir demandé sans succès le cinquième d'un immeuble, je ne devrai pas être reçu à revendiquer les quatre autres cinquièmes restants.

Il en serait autrement si j'avais d'abord demandé une fraction divise, une portion déterminée d'un héritage, comme, par exemple, telle prairie, tel bois. Rien ne motiverait alors le rejet d'une demande ultérieure, ayant pour objet les autres parties de ce même héritage : car évidemment dans ce dernier cas la première action aurait été parfaitement circonscrite : l'objet de la seconde demande n'aurait été compris en aucune manière dans la première sentence du juge : *quod non sit petitum, quod nec actor petere putasset, nec judex in judicio sensisset.*

17. Nous avons admis dans le droit romain qu'après avoir échoué dans la demande d'un droit d'usufruit, d'un droit d'usage ou d'une servitude réelle sur un fonds, on ne peut pas revendiquer la pleine propriété de ce fonds, et *vice versa*. Nous soutenons la même doctrine dans notre droit. Les conséquences d'un pareil système peuvent sans doute paraître bien rigoureuses dans certains cas : mais des considérations de fait et d'équité ne nous semblent pas suffisantes pour faire fléchir les principes de la chose jugée. Or, selon nous, la demande d'un droit d'usufruit ou de toute autre servitude sur un fonds implique nécessairement la reconnaissance qu'on n'est pas propriétaire de ce fonds, et, par conséquent, permettre à

celui qui aurait succombé dans cette action, de revendiquer ensuite la pleine propriété, ce serait autoriser une nouvelle demande essentiellement contradictoire à la première (1).

18. Le même danger, on le comprend, n'est pas à craindre lorsque les deux demandes successives ont porté sur deux servitudes d'une nature parfaitement distincte. En effet, rien n'empêche que j'aie à la fois, en vertu du même titre, plusieurs servitudes sur le même immeuble, et l'on ne saurait trouver la moindre contradiction entre deux demandes relatives à des servitudes différentes. Aussi est-ce un point incontesté, dans notre droit comme dans le droit romain, que le jugement qui rejette la réclamation d'une servitude, ne fait pas obstacle à la revendication ultérieure d'une autre servitude, pourvu toutefois que celle-ci ne soit pas, au fond, la même que celle qui a fait l'objet du premier litige, mais seulement plus restreinte ou plus étendue.

19. La propriété et la possession constituent, aux yeux de la loi, deux choses complétement distinctes. Aussi peut-on, après avoir succombé au possessoire, intenter l'action pétitoire. — Toutefois la réciproque n'est pas aujourd'hui admise. Contrairement à ce que décidaient les jurisconsultes romains, notre législation ne permet pas à celui qui a d'abord attaqué au pétitoire, d'agir ensuite au possessoire (art. 26, C. proc.). En commençant par revendiquer la propriété, on est censé avoir renoncé aux avantages que

(1) Voir ce que nous avons dit, sur ces questions, aux paragraphes 30 et suiv. de la dissertation précédente.

la loi attribue à la possession, ou bien avoir reconnu la légitimité de cette possession entre les mains de son adversaire.

20. Le rapport qui existe entre le capital et les intérêts, la rente et les arrérages, donne lieu aux décisions suivantes :

Le jugement qui rejette la demande du capital ou de la rente entraîne nécessairement la perte du droit de réclamer plus tard les intérêts ou les arrérages. — Rien ne s'oppose, au contraire, à ce qu'après avoir échoué dans une demande d'arrérages ou d'intérêts, on réclame par une nouvelle action la rente ou le capital, à moins que le premier jugement n'ait été rendu sur le fondement que la rente ou le capital n'existait plus ou n'avait jamais existé.

SECTION II.

DE L'IDENTITÉ DE LA CAUSE.

21. Les deux demandes, avons-nous dit, doivent non-seulement, pour être identiques, avoir la même chose pour objet, mais encore être fondées sur la même cause; et nous avons défini la cause : le titre en vertu duquel on agit, sur lequel on prétend établir la légitimité de sa prétention. En d'autres termes, la cause est le principe générateur du droit réclamé, l'origine de la demande, comme disaient les Romains, *origo petitionis;* en un mot, ce qui sert de fondement, de justification à l'action exercée, soit par le demandeur, soit par le défendeur.

22. En cette matière, comme en ce qui concerne l'identité de l'objet, il faut avant tout rechercher, pour savoir si la cause de la demande est identique dans les deux litiges, si la prétention nouvelle est incompatible ou non, relativement à la cause sur laquelle elle se fonde, avec celle qui a été soulevée dans la première instance. Du moment, que nulle contradiction n'existe entre le premier jugement et la seconde prétention, on doit repousser l'application de la chose jugée. Et peu importe que la cause qui sert de base à la nouvelle demande existât déjà lors du premier litige, ou qu'elle n'ait pris naissance que depuis la première sentence.

Conséquemment, après avoir revendiqué sans succès un immeuble en qualité d'acheteur, on est recevable à le réclamer encore en qualité de donataire.

Après avoir succombé dans la demande en délivrance d'un legs en vertu d'un testament, on peut demander de nouveau le même objet en vertu d'un autre testament.

De même, il n'y a nulle identité de cause entre la demande en révocation d'une donation, pour cause de survenance d'enfants, et la demande en réduction de cette même donation, comme excédant la quotité disponible : le rejet de la première demande ne fait pas obstacle à l'admission de la seconde (1).

Ainsi encore, dans le cas de deux ventes du même objet, dont l'une a été faite au *de cujus* et l'autre à l'héritier, celui-ci peut très-bien, après avoir agi sans

(1) Ainsi jugé par un arrêt de la Cour de cassation, du 5 juin 1821.

succès du chef de son auteur, pour se faire délivrer l'objet vendu, agir de nouveau en son propre nom, en se fondant sur la vente qui lui a été consentie à lui-même. La cause de la demande, en effet, n'est pas la même dans les deux actions (1).

23. Ainsi que nous l'avons vu précédemment, une distinction fondamentale existait, en droit romain, quant à l'application de ce second élément de la chose jugée, entre les actions réelles et les actions personnelles. Il s'agit de savoir si cette distinction doit être maintenue sous l'empire de notre législation.

24. A s'en tenir seulement à la nature des choses, aux caractères particuliers des actions réelles et des

(1) Toullier (tom. v, 2e partie, no 169) prétend, au contraire, que les deux actions séparées dans leur origine et appartenant à des personnes différentes, ont été, par l'acceptation pure et simple de la succession, identifiées et confondues dans la personne de l'héritier; que dès lors celui-ci n'a que le droit d'agir une seule fois, en se fondant sur la vente faite au *de cujus* ou bien sur la vente faite à lui-même. Mais nous ne saurions partager une telle opinion. De ce que les droits et actions du *de cujus* sont désormais confondus avec les droits et actions du successeur, de ce que les biens de l'un et de l'autre ne forment plus qu'un seul patrimoine, « il s'ensuit tout simplement, comme le fait remarquer M. Marcadé, que les deux actions sont maintenant dans un même patrimoine, au lieu d'être dans deux, et reposent sur une même tête, au lieu de reposer sur deux. Ainsi, il résulte bien de l'acceptation de la succession que les deux actions appartiennent à la même personne, mais il n'en peut pas résulter qu'une des actions soit absorbée par l'autre pour n'en faire plus qu'une : il y a toujours deux actions semblables, mais distinctes, parce qu'il y a deux causes d'actions, deux ventes. » — (Voir encore la note de M. Duvergier sur cette question, Toullier, *loc. cit.*)

actions personnelles, nous devrions admettre la théorie romaine. — Il est vrai, en effet, que l'action personnelle est nécessairement spécifiée dans sa cause, c'est-à-dire, qu'il est impossible d'exercer une pareille action sans déterminer en même temps la cause sur laquelle elle est basée; tandis que «par l'action réelle, au contraire, on peut demander d'une manière générale à être déclaré propriétaire de l'héritage contesté, sans provoquer restrictivement, et par des conclusions précises, la décision du juge sur la validité ou le mérite de tel ou tel titre en particulier. Mais alors celui qui succombe ne peut plus revenir sous prétexte de nouvelle cause, parce qu'en agissant sans en déterminer aucune, il est censé les avoir toutes comprises dans sa demande[1].» — Il est vrai encore qu'une chose peut nous être due à plusieurs titres, de telle sorte qu'une action personnelle n'est nullement absorbée par l'exercice d'une autre action personnelle; tandis que la même chose ne peut, en réalité, nous appartenir qu'à un seul titre; et dès lors, si nous avons réclamé un droit de propriété en termes généraux, nous sommes censés, comme nous venons de le dire, avoir compris dans notre demande l'unique et véritable titre de notre droit.

25. Mais quoi qu'il en soit de la justesse de ces principes, nous ne pouvons les reconnaître applicables dans notre législation. — D'après l'article 61 du Code de procédure, tout exploit d'ajournement, qu'il se rapporte à une action réelle ou à une action personnelle, doit contenir *l'exposé sommaire des moyens:*

(1) Proudhon, *Traité de l'usufruit* (t. III, nº 1274).

il ne pourra donc jamais se présenter qu'une action réelle soit intentée d'une manière générale, sans exprimer la cause sur laquelle on se fonde; et par conséquent la distinction dont nous parlons n'a plus aujourd'hui de raison d'être. Dans la législation romaine, au contraire, nous avons vu que la formule de l'action réelle pouvait être conçue en termes généraux; qu'il n'était nullement imposé aux parties d'exprimer la cause à laquelle elles entendaient rapporter l'origine de leur droit. Elles le pouvaient sans doute; mais si elles avaient pris ce soin, elles conservaient, par cela même, la faculté d'intenter une nouvelle action sur le fondement d'une autre cause que celle qui avait été d'abord exprimée. Ce qui prouve bien, encore une fois, qu'il n'y a plus lieu d'appliquer dans notre droit la théorie romaine.

26. A l'exemple des jurisconsultes romains, tous les auteurs qui ont écrit sur la chose jugée distinguent soigneusement, dans la matière qui nous occupe, ce qui constitue réellement la cause de la demande de divers autres éléments susceptibles d'être confondus avec cette cause elle-même. Et c'est avec raison; car si, après le rejet de la première demande, on admettait la seconde, par suite uniquement de la différence qui existe entre elles quant à ces éléments, on s'exposerait à porter atteinte à la décision du premier juge.

27. C'est pourquoi il faut d'abord se garder de confondre la cause de la demande avec le genre d'action qu'on emploie pour faire valoir son droit en justice. Il se peut, en effet, que pour atteindre le même but, pour exercer le même droit, la loi nous ait accordé

plusieurs actions différentes. Mais la diversité d'action dans les deux litiges ne saurait rendre notre nouvelle demande admissible, si d'ailleurs la cause sur laquelle est basée cette demande, est bien la même que celle qui a été invoquée dans la première instance.

Ainsi, de même que nous l'avons vu en droit romain, celui qui a succombé dans l'action en pétition d'hérédité, quant à la moitié de tel patrimoine, ne pourrait pas réclamer ensuite cette même moitié par une simple action en partage; car c'est par une même cause, son prétendu titre d'héritier, qu'il réclamerait le même objet.

En vertu des mêmes principes, après avoir intenté l'action *rédhibitoire*, à raison des défauts cachés de la chose vendue, je ne pourrai pas recourir à l'action *quanti minoris*, qui m'est également accordée, sur le fondement de la même cause, par l'article 1644 du Code civil.

28. Il faut encore se garder de confondre la cause de la demande avec les moyens propres à établir cette cause et à la justifier. La diversité dans les moyens de preuve ne suffit pas pour constituer une prétention nouvelle; sans quoi, comme on le dit communément, on pourrait, à l'occasion du même litige, soulever des procès sans fin, et paralyser ainsi les effets de l'institution de la chose jugée. Ce n'est pas là, toutefois, la seule, la principale raison qui nous fait repousser une seconde demande basée uniquement sur des moyens nouveaux. Si telle est notre opinion, c'est surtout parce que l'admission de cette nouvelle demande placerait nécessairement le juge dans l'alternative de confirmer la première sentence ou de

la contredire : résultat essentiellement contraire aux principes de la chose jugée.

Supposé, en effet, qu'après avoir vainement cherché à établir en justice la légitimité d'un titre de vente, à l'aide de certains moyens, on fût reçu à invoquer plus tard des moyens nouveaux pour justifier le même titre de vente, il est évident que le juge ne pourrait accueillir ma nouvelle prétention qu'en contredisant le jugement antérieur.

29. Sous le prétexte d'éviter la confusion que nous venons de signaler, on décide généralement qu'après avoir demandé sans succès l'annulation d'un contrat pour cause d'erreur, on ne peut demander l'annulation du même contrat pour cause de dol ou de violence. En effet, dit-on, dans ce cas, la cause qui sert de fondement aux deux demandes est la même : c'est le vice du consentement. L'erreur, le dol et la violence ne sont que des moyens de la produire et de la justifier.

30. Mais une semblable décision nous paraît très-contestable, non-seulement au point de vue de l'équité, ce qui est unanimement reconnu, mais encore au point de vue des principes. Nous l'avons déjà dit plusieurs fois, et nous ne saurions trop le répéter, ce qui doit servir de règle, de mesure, dans l'application de la chose jugée, c'est le point de savoir si les deux prétentions successivement formées sont ou ne sont pas identiques, ou plutôt si la seconde ne porte aucune atteinte à la première ainsi qu'à la décision rendue. Or, dans le cas qui nous occupe, où voit-on la moindre contradiction entre les deux demandes? Est-il à craindre que la décision à intervenir con-

tredise celle du premier juge? — Sans doute les deux causes successivement invoquées se rattachent à une même idée, elles font supposer l'une et l'autre le défaut d'un consentement valable. Mais s'ensuit-il qu'elles ne soient pas parfaitement distinctes? L'incapacité qui est une autre cause de rescision des contrats est bien également fondée sur la présomption du défaut d'un consentement valable; et cependant, tout le monde s'accorde à le reconnaître, l'annulation du même contrat peut être tour à tour demandée pour cause d'incapacité et pour cause d'erreur ou de violence. Il est vrai que, pour expliquer cette dernière solution, on se fonde sur ce que la première cause (l'incapacité), réglée par les articles 1123-1125 du Code civil, présente l'absence de la seconde des quatre conditions requises pour la validité des contrats, tandis que la seconde cause (le consentement vicié), réglée par les articles 1109 et suivants, présente l'absence de la première de ces conditions (1). Mais est-il bien plausible de faire ainsi dépendre la différence de solution dans les deux cas uniquement d'une classification établie par le Code, bien qu'en allant au fond des choses, on retrouve, pour l'incapacité comme pour l'erreur ou la violence, les mêmes éléments de décision?

31. On décide encore généralement, et par les mêmes motifs, qu'après avoir attaqué un contrat pour un vice de forme résultant d'un fait parfaitement déterminé, on n'est pas reçu à demander la nullité du même contrat pour un autre vice de forme.

(1) M. Marcadé, explic. de l'art. 1351, t. v, p. 167.

— Mais cette décision nous semble aussi contestable que la précédente (1).

32. La seule raison qui pourrait nous faire adopter une théorie semblable, ce serait le désir de restreindre autant que possible, dans un but d'intérêt général, le nombre des contestations judiciaires. Mais ce désir, ainsi que le disait un jour le consul Cambacérès, répondant à un orateur qui avait invoqué ce motif, « ne peut être qu'une considération secondaire et qui deviendrait funeste, si elle faisait jamais oublier les principes de la raison et de la justice. » Or, de l'aveu même de ses partisans, la théorie que nous combattons conduit à des résultats aussi peu rationnels qu'injustes. Elle nous paraît d'ailleurs, encore une fois, en désaccord avec les principes de la chose jugée, dont elle cherche à étendre l'application, déjà si rigoureuse par elle-même. Le maintien, le respect des décisions légalement rendues, tel est, en effet, le but que l'institution de la chose jugée est appelée à remplir : c'est par conséquent dans ces limites qu'elle doit s'exercer. Dès lors, toutes les fois qu'il est possible d'admettre une demande nouvelle sans porter atteinte à l'efficacité d'un jugement antérieur, on ne doit jamais hésiter à le faire.

(1) Conformément à la doctrine que nous soutenons, il a été jugé par un arrêt de la Cour de cassation, en date du 1er juin 1814, que la décision passée en force de chose jugée, qui valide un acte attaqué pour incapacité de l'un des témoins, en ce qu'il a été condamné à une peine afflictive, ne s'oppose pas à ce qu'il soit attaqué de nouveau, à raison du défaut de signature par l'un des témoins instrumentaires. (Rapporté par M. Dalloz, dans son *Répertoire*, au mot *Chose jugée*, n° 199.)

Nous croyons donc inutile de distinguer les causes en causes médiates et en causes immédiates, comme le font la plupart des auteurs : distinction qui ne peut que jeter de la confusion dans l'esprit. Nous examinerons seulement, pour savoir si l'on doit rejeter ou non une nouvelle prétention, si la cause sur laquelle on l'appuie, est identique ou contradictoire à celle qui a été invoquée dans la première instance et dont l'examen a été soumis au premier juge.

33. Toutefois, ainsi que nous l'avons déjà fait remarquer, il faudra bien se garder de confondre la cause de la demande avec les *moyens* : et par ce dernier mot, nous entendons purement et simplement *les preuves*, *les moyens de preuve* administrés pour établir la cause elle-même.

34. Au reste, peu importe que les moyens de preuve qu'on pourrait invoquer à l'appui de la nouvelle demande consistent en des pièces décisives, qui établiraient d'une manière péremptoire la légitimité du droit réclamé d'abord sans succès. Si la cause n'en est pas moins la même dans les deux litiges, l'emploi de moyens différents ne saurait motiver, en aucun cas, l'admission d'une demande nouvelle. C'est ce que décidaient formellement, nous l'avons vu, les jurisconsultes romains; et c'est ce que consacre, dans notre droit, l'article 480, 10°, du Code de procédure. Cet article, en effet, n'autorise la requête civile contre un jugement passé en force de chose jugée, sur le fondement de nouvelles pièces décisives recouvrées depuis le jugement, qu'autant que ces pièces ont été retenues par le fait de l'autre partie.

35. La généralité des termes de l'art. 480, 10°, C. Proc., semble repousser toute espèce d'exception qui ne s'appuierait pas sur une disposition formelle de la loi; et cependant, quelques auteurs, sans autre motif sérieux que des considérations d'équité, refusent d'étendre l'application de ces principes au cas de la découverte de la quittance, après un jugement qui a condamné une personne au payement d'une somme d'argent.

Avant d'examiner si une telle exception doit être admise, il importe de bien préciser la question et de la restreindre dans les limites qui en font une dérogation aux principes. — Une personne, condamnée par un jugement ayant force de chose jugée à payer une somme d'argent, découvre une quittance qui constate sa libération avant l'instance en payement. Quel effet doit produire la découverte de cette quittance? Si le jugement n'a pas été exécuté, la partie condamnée peut-elle s'opposer à son exécution, en excipant du payement qui a été fait? ou bien, si elle a déjà exécuté le jugement, a-t-elle le droit, en vertu des articles 1376 et 1377 du Code civil, de répéter la somme qu'elle a indûment payée?

36. Nous pouvons d'abord supposer que le prétendu débiteur s'est borné dans l'instance à opposer, comme fin de non-recevoir à la demande du créancier, la nullité ou la non-existence de l'obligation. Mais la question, posée en ces termes, n'est susceptible d'aucun doute. Rien n'empêche ce prétendu débiteur, s'il vient à découvrir ultérieurement la quittance qui prouve sa libération, de proposer comme nouvelle cause d'exception le payement ou l'extinction de la dette. Il le pourrait, en effet, lors même qu'il n'eût

pas découvert de quittance; car cette cause, le payement ou bien l'extinction de la dette, n'a pas été soumise au juge dans le premier litige; elle n'a fait l'objet ni des conclusions du défendeur ni de la sentence. Dès lors, sans qu'il y ait la moindre violation de la chose jugée, la partie condamnée peut proposer cette nouvelle cause dans un nouveau litige, et si elle triomphe (ce qui n'est pas douteux, si elle se présente armée de la quittance), elle a le droit de répéter la somme indûment payée dans le cas où elle aurait déjà exécuté le jugement, comme aussi, dans le cas où elle ne l'aurait pas encore exécuté, elle peut se refuser à son exécution.

On le voit donc, il faut tout d'abord écarter cette première hypothèse où les principes trouvent une application si facile et si naturelle.

37. Mais voici le cas qui présente des difficultés, dans l'opinion du moins de certains auteurs, et à propos duquel ils croient pouvoir, ainsi que nous l'avons dit, déroger à la disposition formelle de l'article 480, 10°, du Code de procédure : c'est celui où le prétendu débiteur a opposé dans l'instance l'exception de payement et où néanmoins le juge a fait droit à la prétention du créancier, faute par le débiteur d'établir suffisamment sa libération. —A s'en tenir, en effet, à l'application de l'article 480, il faudrait décider, dans l'espèce, que la découverte ultérieure de la quittance n'autorise la partie condamnée à attaquer le jugement ayant force de chose jugée, qu'autant que cette pièce décisive a été retenue par le fait de la partie adverse. Toutefois, cette solution n'est pas unanimement adoptée.

38. D'après M. Dalloz, il serait trop rigoureux, il

serait même injuste, de ne pas accorder l'action en restitution à celui qui a payé deux fois, sous prétexte que lors du jugement, il a invoqué un titre libératoire qu'il s'est trouvé à ce moment dans l'impuissance de représenter (1). — Mais, en se plaçant au même point de vue, n'est-il pas aussi rigoureux, aussi injuste de refuser, par exemple, à celui qui a succombé, faute de preuves, dans une action en revendication formée contre lui, le droit d'agir de nouveau, s'il vient à découvrir un titre qui établit de la manière la plus péremptoire la légitimité de sa prétention? Et cependant, M. Dalloz applique dans ce cas, ainsi que tous les auteurs, la disposition de l'article 480 du Code de procédure.

39. D'après d'autres auteurs, voici quelle serait la raison d'admettre cette dérogation aux principes : « Si la partie condamnée a déjà payé avant l'instance en payement, ainsi que cela résulte de la quittance, et qu'elle paye une seconde fois en vertu du jugement, elle aura le droit de demander par la *condictio indebiti* la restitution de la somme indûment payée, conformément aux dispositions générales des articles 1376 et 1377 du Code civil. Il est donc beaucoup plus simple d'autoriser le défendeur à ne pas payer de nouveau que d'admettre plus tard en sa faveur la répétition de l'indû. »

Mais cet argument nous paraît bien moins fondé encore que le précédent. — En effet, les articles 1376 et 1377, comme le fait remarquer M. Paul Pont dans une dissertation sur la question qui nous occupe (2),

(1) *Rép. de jurisp.*, au mot *Chose jugée*, n° 376.
(2) *Revue critique de la jurisprud.*, 2e année, p. 258 et suiv.

si généraux que soient les termes dans lesquels ils sont conçus, *n'admettent cependant la répétition que dans la supposition que le créancier a reçu ce qui ne lui était pas dû, c'est-à-dire dans la supposition d'un payement sans cause. Or ici, le payement avait une cause : elle était dans le jugement portant condamnation de payer.* Ne pourrait-on pas d'ailleurs ajouter avec raison qu'il n'y a ici, légalement parlant, qu'un payement unique, puisque le premier payement, c'est-à-dire celui qui est antérieur à la décision du juge, a été déclaré inexistant par cette décision elle-même?

40. Nous ne voyons donc aucun motif plausible de ne pas appliquer au cas de la découverte de la quittance les principes généraux de la chose jugée. Lorsque le débiteur poursuivi a opposé dans l'instance l'exception de payement, le juge a dû prononcer sur cette exception en même temps que sur l'action du créancier; et s'il a déclaré légitime la prétention de celui-ci, c'est qu'il a reconnu que l'exception du débiteur n'était pas fondée. Or, nous le savons, il n'est jamais permis de revenir sur ce qui a fait l'objet d'un jugement : les points constatés par le juge sont tenus désormais pour la vérité même. Ainsi, dans la question proposée, il est légalement certain que le débiteur ne s'est pas libéré, et par conséquent, sous aucun prétexte, le débiteur ne peut avoir le droit de prouver sa libération, contrairement au jugement rendu.

C'est là du reste la doctrine que la Cour de cassation a consacrée en ces termes dans le dernier arrêt relatif à cette question (Rej., 29 juill. 1851) :

« Attendu que le jugement attaqué constate qu'il « résulte des déclarations de G... lui-même, consi-

« gnées dans les conclusions par lui prises, que,
« poursuivi en payement de marchandises qui lui
« avaient été vendues par R..., il avait constamment
« soutenu, devant le tribunal saisi de la contestation,
« avoir payé la somme de 400 francs à valoir sur
« celles qui lui avaient été réclamées ;

« Que ce payement ayant été nié par son adver-
« saire, il y avait eu, tant sur le montant des fourni-
« tures que sur les payements allégués, débat con-
« tradictoire entre les parties;

« Que le jugement rendu à la suite de ces contes-
« tations... a donc statué tout à la fois sur la demande
« et sur l'exception de payement opposée par le dé-
« fendeur;

« Qu'il a, sur le tout, l'autorité de la chose jugée,
« et que cette autorité ne peut être détruite par la
« représentation d'une quittance que G... prétendrait
« avoir retrouvée depuis le jugement de la contesta-
« tion..., etc. »

41. Enfin, il est évident qu'il ne faut pas confondre la cause avec l'objet même de la demande. Ce sont là deux éléments parfaitement distincts, qui se rencontrent nécessairement dans toute question soumise au juge. Du reste, il nous semble bien facile, d'après la définition que nous avons donnée de l'objet et de la cause, de ne pas tomber dans la confusion dont nous parlons. — Quel est le but, le résultat que la partie veut atteindre par la prétention qu'elle forme ? C'est là l'objet. Dans quel titre puise-t-elle l'origine et la justification de son droit? C'est là la cause de la demande.

Il serait par conséquent très-inexact de dire, comme

le font cependant certains auteurs, que la demande par laquelle je veux faire tomber un testament a pour cause *la nullité de ce testament*, et que celle qui tend à faire annuler un contrat a pour cause *la rescision de ce contrat*. Évidemment, dans ces hypothèses, la nullité du testament, la rescision du contrat, sont les fins que je me propose en formant ma demande, et non pas les titres qui lui servent de fondement.

CHAPITRE II.

Les personnes intervenant dans les deux litiges doivent être les mêmes.

42. Si la raison et la justice exigent, comme nous venons de le voir, que les effets de la chose jugée soient restreints à ce qui a fait l'objet du jugement, elles exigent aussi, d'une manière non moins impérieuse, que ces effets soient limités, en matière civile, à l'intérêt des personnes entre lesquelles les débats se sont engagés. Où seraient en effet la sécurité et la garantie de nos droits, s'il était permis à d'autres qu'à nous de les compromettre en justice, si nous pouvions être condamnés, sans avoir fait valoir nous-mêmes nos moyens de défense? Qui ne sait d'ailleurs l'incertitude qui règne le plus souvent dans les appréciations humaines; et comment dès lors attribuer à la sentence du juge une autorité absolue? La présomption de vérité que la loi, par une considération d'ordre public, attache aux décisions judiciaires, est donc et doit être essentiellement relative, sans quoi l'institution de la chose jugée porterait la plus grave atteinte à l'ordre public lui-même. Aussi l'article 1351 subordonne-t-il l'application de la chose ju-

gée à une troisième condition, sans laquelle les deux autres existeraient vainement : *l'identité des parties* : « Il faut que la demande (contre laquelle on invoque l'autorité d'un jugement antérieur) soit formée entre les mêmes parties et formée par elles et contre elles en la même qualité. »

43. Au surplus, nous le savons, tout jugement peut être assimilé à un quasi-contrat. En soumettant leur différend à la justice, les parties sont censées convenir entre elles de respecter et de maintenir la décision qui interviendra et qui fixera désormais leurs droits : *judiciis quasi contrahimus*. Or, les conventions n'ont d'effet qu'entre les parties contractantes; elles ne peuvent ni préjudicier aux tiers, ni leur profiter (art. 1165 C. civ.) (1).

44. C'est donc un principe bien établi que la chose jugée n'a de force qu'à l'égard des personnes qui ont été parties au procès; qu'elle ne peut être invoquée ni par ni contre ceux qui y sont restés étrangers. Mais que faut-il, pour avoir été partie au procès? Est-il nécessaire d'y avoir figuré par soi-même?

45. On comprend que s'il s'agissait ici d'une intervention *physique* des mêmes personnes, l'application du principe ne serait susceptible d'aucune difficulté. Mais telle ne peut être la pensée de la loi. Aux termes

(1) Cette assimilation entre un jugement et une convention nous aidera du reste à résoudre la plupart des questions que nous allons examiner. Nous reconnaissons, en effet, en thèse générale, que celui qui peut stipuler et promettre en notre nom a aussi le pouvoir de plaider pour nous. A l'inverse, celui qui ne peut pactiser sur nos droits, ne peut les compromettre en justice.

mêmes de l'article 1351, le jugement n'a d'effet qu'entre les mêmes parties, agissant en la même qualité; d'où il résulte bien évidemment qu'une même personne peut se présenter plusieurs fois en justice, à l'occasion du même litige, pourvu qu'elle procède, dans chaque instance, en une qualité différente; et nous savons, en outre, qu'au point de vue juridique plusieurs individus peuvent ne former qu'une seule et même personnalité. Il devient dès lors parfois difficile de déterminer si telle personne, quoique n'ayant pas figuré par elle-même au procès, n'y a pas été partie par le ministère d'une autre personne chargée de représenter ses intérêts.

46. Nous venons de dire que le même individu peut se présenter plusieurs fois en justice, pourvu qu'il procède en des qualités différentes. Ainsi, il est incontestable qu'après avoir intenté une action en mon nom, je puis ensuite intenter la même action au nom d'un mineur ou d'un interdit dont je suis le tuteur, et réciproquement. De même, après avoir soutenu un procès, en qualité de mandataire, rien ne s'oppose à ce que je soulève le même litige pour mon propre compte.— Dans ces espèces, c'est sans doute la même personne physique qui figure dans les deux instances; mais ce n'est plus la même personne juridique, légale. Aux yeux de la loi, ce qui constitue notre personnalité, c'est uniquement la qualité dont nous sommes revêtus, le rôle que nous représentons.

D'après ces principes, on décide encore qu'on peut demander en qualité d'héritier ce qu'on avait d'abord inutilement réclamé en vertu de son droit propre et personnel. On décide encore généralement qu'on est recevable à requérir comme héritier de telle personne ce qu'on n'a pu obtenir comme héritier de telle autre, lors même qu'au moment où l'on a formé sa première demande, on eût déjà recueilli ces diverses successions.

47. Peut-on, après avoir agi comme héritier bénéficiaire, agir de nouveau comme héritier pur et simple? En d'autres termes, y a-t-il dans les deux instances identité de qualité? Nous pensons, avec M. Dalloz, que cette identité existe, et que dès lors « les jugements « rendus contre l'héritier ou obtenus par lui, agis- « sant en sa qualité d'héritier bénéficiaire, conservent « toute l'autorité de la chose jugée, alors même qu'il « a renoncé au bénéfice d'inventaire pour demeurer « héritier pur et simple. Car, d'une part, s'il en était « autrement, les tiers qui auraient des affaires à dé- « mêler avec une succession bénéficiaire n'en pour- « raient jamais voir la fin, puisque l'héritier sous « bénéfice d'inventaire aurait la faculté, en se por- « tant héritier pur et simple, de remettre en problème « tout ce qui aurait été jugé; et, d'autre part, il n'est « pas absolument exact de dire que celui qui, après « avoir plaidé comme héritier bénéficiaire, plaide en- « suite comme héritier pur et simple, procède dans « les deux instances en deux qualités différentes. Dans « l'une comme dans l'autre, il agit comme héritier, « comme représentant le défunt; seulement cette qua- « lité d'héritier a éprouvé une modification dans sa « personne, par l'acceptation de la succession sous « le bénéfice d'inventaire dont l'héritier s'est plus tard « départi. En un mot, dans un cas, il agissait comme « administrateur, tandis que dans le second il agit

« pour celui dont la chose a été administrée. Mais, « dans les deux hypothèses, c'est toujours pour la « même personne que l'action a été soutenue (1). »

48. Nous avons dit, en second lieu, que plusieurs individus peuvent ne constituer, au point de vue juridique, qu'une seule et même personnalité. Dès lors, la nouvelle instance peut être réputée engagée entre les mêmes parties, bien que formée par ou contre des personnes qui n'avaient point figuré par elles-mêmes au premier procès, et, par conséquent, la chose jugée avec certaines personnes doit produire tous ses effets vis-à-vis de nous, absolument comme si nous étions intervenus nous-mêmes dans le litige. On le voit donc, encore une fois, l'identité de personnes que réclame la loi est *purement juridique*.

49. Il s'agit maintenant de savoir quelles sont les personnes qui ont le pouvoir de nous représenter en justice, de manière que nous soyons censés avoir été parties au jugement. Là est toute la difficulté, et c'est sans contredit une des parties les plus importantes et les plus délicates de notre sujet, celle qui donne lieu, encore aujourd'hui, comme nous le verrons, aux questions les plus controversées.

50. Toutefois, voici deux principes sur lesquels tout le monde est nécessairement d'accord :

1° Les jugements rendus avec l'auteur d'un droit profitent ou nuisent à ceux qui lui succèdent, postérieurement au jugement, soit à titre universel, soit à titre particulier ;

2° Les jugements rendus avec un mandataire lé-

(1) M. Dalloz, *Répert. de jurisp.*, *Chose jugée*, n° 286.

gal, judiciaire ou conventionnel, ont force de chose jugée à l'égard des personnes dont les intérêts lui sont confiés.

51. Et d'abord, de même que lorsque nous contractons, nous sommes censés stipuler ou promettre pour nos héritiers et nos ayants cause (art. **1122** C. civ.), de même lorsque nous soutenons en notre nom un procès, nous sommes censés plaider, non-seulement pour nous-mêmes, mais encore pour tous ceux qui nous succéderont, à un titre quelconque, relativement à la chose qui fait l'objet du litige.

52. Ainsi, il est incontestable que les successeurs universels d'une personne, soit héritiers, soit uniquement successeurs aux biens, ont été représentés dans les procès que celle-ci a soutenus; ou, pour mieux dire, c'est avec eux-mêmes que les débats sont réputés s'être engagés : dès lors, on peut invoquer contre eux les jugements qu'elle a subis, comme aussi ils peuvent se prévaloir de ceux qu'elle a obtenus. — Les héritiers sont même obligés d'exécuter sur leurs biens personnels les condamnations pécuniaires prononcées contre le défunt, à moins que, par une acceptation sous bénéfice d'inventaire, ils n'aient limité l'étendue de leurs obligations aux biens recueillis dans la succession. — C'est dans ces mêmes limites, bien entendu, c'est-à-dire jusqu'à concurrence des biens laissés par le *de cujus*, que les successeurs universels aux biens, quels qu'ils soient, successeurs irréguliers, légataires, institués contractuels, sont tenus des jugements rendus contre lui.

Il va sans dire, d'ailleurs, que les effets des jugements, de même que les autres droits et obligations, se divisent, en principe, *ipso jure* entre les héritiers ou les successeurs, et que dès lors ceux-ci ne peuvent les invoquer ni les subir que proportionnellement à la part qui revient à chacun dans la succession.

53. Dans leurs rapports entre eux, les héritiers ou successeurs universels ne sont unis par aucun lien, n'ont aucun pouvoir de se représenter mutuellement. Aussi la chose jugée avec l'un d'eux n'a-t-elle jamais d'autorité à l'égard des autres. Nous verrons, en effet, que même dans le cas où l'objet du litige est indivisible, les effets du jugement rendu contre l'un des héritiers ou obtenu par lui doivent lui rester personnels.

54. Quant aux légataires, soit à titre universel, soit à titre particulier, ils ont, nous le savons, sous l'empire de notre législation, un droit parfaitement distinct de celui de l'héritier institué ou du légataire universel. Toutes les dispositions contenues dans le testament ont une existence propre, indépendante, qu'elles tirent de la volonté même du défunt; et leur validité ne dépend en aucune manière, comme dans le droit romain, de l'existence ou de la validité de l'institution d'héritier. C'est pourquoi le testament peut être déclaré nul ou infirmé à l'égard de l'héritier institué, sans que pour cela les légataires aient perdu le droit d'en poursuivre eux-mêmes l'exécution et de demander la délivrance de leurs legs.

55. Sans nous arrêter davantage aux successeurs ou ayants cause à titre universel, au sujet desquels aucune difficulté ne peut se présenter, passons aux ayants cause à titre particulier, c'est-à-dire à ceux qui succèdent à un droit déterminé de propriété ou de servitude. — Nous comprenons parmi ces derniers les acheteurs, les coéchangistes, les donataires, les cessionnaires, tous ceux, en un mot, à qui il a été transmis un droit réel quelconque.

Voyons dès lors quel doit être, vis-à-vis des ayants cause à titre particulier, l'effet des jugements rendus avec leur auteur, relativement à la chose aliénée. La question se résout par une distinction.

56. Le jugement rendu avec l'auteur est-il antérieur à la transmission du droit, évidemment l'ayant cause n'en peut décliner l'autorité. Celui-ci a dû prendre les choses dans l'état où elles se trouvaient à l'époque de la cession qui lui a été faite.

Par la même raison, bien que ce point soit contesté, il suffirait, selon nous, que l'instance fût introduite, lors de la transmission du droit, pour que le jugement rendu avec l'auteur eût force de chose jugée à l'égard de l'ayant cause. L'introduction de l'instance forme entre les parties un contrat judiciaire qui les oblige à se soumettre à la décision ultérieure du juge et qui grève d'une espèce de servitude les choses en litige : il y a désormais un droit acquis pour les parties de poursuivre et de terminer entre elles les débats par voie de jugement. Dès lors, comme le dit M. Marcadé, « celui « à qui je concède un droit, vrai ou prétendu, prend « ce droit dans l'état où il est au jour de la conces- « sion, et du moment que l'acquisition n'a eu lieu « qu'après l'instance liée, l'acquéreur s'est soumis à « la nécessité de subir les conséquences de l'état « actuel des choses; il s'est trouvé, en me succédant « et en se faisant mon ayant cause, obligé par le

« quasi-contrat judiciaire antérieur à son acquisition, « comme il l'eût été par une convention formelle (1). »

57. Le jugement rendu avec l'auteur est-il, au contraire, postérieur à la cession du droit, l'ayant cause doit y demeurer complétement étranger. En effet, une fois qu'une personne s'est dessaisie d'un droit réel quelconque, elle a perdu par cela même tout pouvoir de plaider à l'avenir, comme de faire la moindre convention relativement à ce droit. Ainsi, ce n'est plus à l'aliénateur d'un immeuble à agir ou à défendre en justice contre une personne qui en revendique la propriété; c'est à l'acquéreur seul que ce soin est désormais confié.

58. Toutefois, il est bien entendu que le jugement rendu avec l'auteur depuis la transmission du droit ne reste sans effet vis-à-vis de l'ayant cause qu'autant que cette transmission a été légalement consommée.

Ainsi, en matière de donation d'immeubles et de cession de créances, le droit n'étant réellement constitué *erga omnes* sur la tête du donataire et du cessionnaire que du moment, pour le premier, où la transcription de la donation a été faite (art. 941 C. civ.), et du moment, pour le second, où la cession a été signifiée au débiteur ou authentiquement acceptée par lui (art. 1690 C. civ.), il s'ensuit que le donataire et le cessionnaire ne peuvent décliner l'autorité d'un jugement obtenu par un tiers contre leur auteur, que s'ils ont déjà accompli ces formalités, lors de l'introduction de l'instance.

(1) T. v, p. 181. — Voir aussi MM. Duranton (t. xiii, nº 506), Valette (*Rev. de dr. franç.*, 1844, p. 28) et Zachariæ (v, p. 768).

59. Nous avons vu, en droit romain, que, d'après la loi 63, *de re judicata*, au Digeste, le jugement rendu contre l'auteur était opposable à l'ayant cause, lorsque celui-ci avait eu connaissance du procès engagé.

Devons-nous appliquer ces principes dans notre droit? Il semblerait tout d'abord fort raisonnable d'admettre l'affirmative; car du moment que l'ayant cause a connu, à n'en pas douter, la contestation soulevée entre son auteur et un tiers, et que néanmoins il s'est abstenu d'intervenir dans l'instance ou de notifier son titre à ce dernier, comment justifier autrement son inaction ou son silence que par l'intention de laisser la défense de ses propres intérêts entre les mains de son auteur?

Cependant, la disposition de l'article 1985 du Code civil nous paraît contraire à cette solution : « Le mandat peut être donné ou par acte public ou par écrit sous seing privé, même par lettre. Il peut aussi être donné verbalement; mais la preuve testimoniale n'en est reçue que conformément au titre des contrats ou des obligations conventionnelles en général. »

Ne semble-t-il pas résulter en effet, d'une manière évidente, de cette disposition, ainsi que le fait remarquer Proudhon dans son *Traité de l'usufruit*, n° 1327, que notre législateur a entendu exclure toute espèce de mandat tacite?

60. Au lieu d'une aliénation consentie purement et simplement, nous pouvons supposer une aliénation faite sous condition suspensive ou sous condition résolutoire. Que devons-nous alors décider, relativement aux jugements rendus, *pendente conditione*, soit avec

l'aliénateur, soit avec l'acquéreur conditionnel? — Nous croyons qu'en thèse générale, il faut appliquer aux jugements les mêmes principes qu'à tous autres actes faits par l'aliénateur ou l'acquéreur, avant la réalisation de la condition : l'effet rétroactif de la condition accomplie déterminera le sort des jugements.

Ainsi, par exemple, la chose jugée, *pendente conditione*, avec le donateur d'un immeuble sous condition suspensive, n'aura aucune force ni pour ni contre le donataire, si la condition vient plus tard à s'accomplir. — Il en serait de même, si la donation avait été faite sous condition résolutoire, par rapport aux jugements rendus, avant l'accomplissement de la condition, avec le donataire. Ils ne pourraient ni profiter ni nuire au donateur, au cas où la condition se réaliserait.

61. Toutefois, si l'aliénateur d'un droit sous condition suspensive était tenu de garantie vis-à-vis de l'acquéreur, et tel est le cas du vendeur, nous reconnaîtrions à l'acheteur la faculté de se prévaloir du jugement obtenu par ce dernier, *pendente conditione*. Sans quoi, si le tiers qui a succombé dans l'instance avec le vendeur pouvait, après l'accomplissement de la condition, renouveler le procès contre l'acheteur, celui-ci, dans le cas où il viendrait à succomber, aurait un recours contre son auteur, et paralyserait ainsi les effets du premier jugement. D'ailleurs, l'acheteur n'aurait qu'à appeler le vendeur en cause pour repousser les nouvelles prétentions de ce tiers.

62. On a vu que le jugement rendu avec l'auteur, avant la transmission du droit, et relativement à ce droit, fait loi pour l'ayant cause. Mais à l'inverse, il

est incontestable que le jugement rendu avec l'ayant cause ne peut produire aucun effet à l'égard de l'auteur. Les hypothèses puisées dans les lois romaines, et que nous avons examinées au sujet de ces principes dans la dissertation précédente, sont encore vraies sous l'empire de notre législation.

63. D'après ce que nous venons de dire, il va de soi que la chose jugée avec celui qui a cédé sur sa chose un droit d'usufruit, d'usage, ou toute autre servitude, si toutefois le procès s'est engagé postérieurement à la cession du droit, n'a aucune influence à l'égard du cessionnaire. Le cédant n'a pu, évidemment, compromettre que la portion de droit qu'il s'est réservée.

64. Mais faut-il appliquer les mêmes principes vis-à-vis du créancier hypothécaire? Celui-ci doit-il rester étranger au jugement rendu contre le débiteur, relativement à la propriété de l'immeuble hypothéqué, en supposant, bien entendu, que la constitution de l'hypothèque soit antérieure à l'introduction de l'instance? Nous n'hésitons pas à soutenir l'affirmative. L'hypothèque étant un droit réel, aux termes mêmes de la loi (art. 2114 C. civ.), nous ne voyons aucune raison de laisser à celui qui a concédé ce droit, la faculté de le compromettre en justice. Assurément, le débiteur ne pourrait pas modifier ou anéantir par une convention l'hypothèque qu'il a constituée : pourquoi le pourrait-il par un jugement?

Cependant l'opinion que nous défendons a rencontré de nombreux contradicteurs; nous devons même dire que, jusqu'à ces derniers temps, la théorie contraire avait été presque unanimement adoptée dans la doctrine et dans la jurisprudence. Mais aujourd'hui la plupart des auteurs qui écrivent sur la matière soutiennent, comme nous, l'affirmative (1), et c'est en grande partie à M. Valette que revient l'honneur d'avoir ainsi changé l'opinion de la doctrine. M. Valette, en effet, nous semble avoir démontré de la manière la plus victorieuse, dans une dissertation spéciale (2), la fausseté des arguments sur lesquels se fonde l'opinion contraire. — Espérons donc que la jurisprudence, elle aussi, lorsqu'elle aura à prononcer un nouvel arrêt sur la question, sortira de la voie dans laquelle elle s'est engagée jusqu'ici (3).

65. Voici, du reste, les principaux arguments qu'on propose à l'appui du système contraire à celui que nous soutenons.

On prétend d'abord que l'analogie que nous voudrions établir entre le créancier hypothécaire et l'u-

(1) Voir MM. Marcadé (t. v, p. 181), Zachariæ et Aubry et Rau (t. v, p. 770). — M. Duranton avait soutenu auparavant la même opinion (t. XIII, n° 507).

(2) *Revue de droit franç.*, 1844, p. 27.

(3) M. Marcadé (t. v, p. 181) exprime ainsi la même espérance : « Comme les arrêts contraires ont tous été rendus à une « époque où la question n'était pas même examinée d'une ma- « nière sérieuse; comme M. Valette, le premier qui ait logique- « ment traité ce point important, n'a écrit qu'en 1844, tandis « que le dernier des arrêts est de 1841; comme enfin ces diffé- « rents arrêts ne donnent aucune raison à l'appui de leur déci- « sion, et se contentent tous de transformer en motif du juge- « ment le point qui est à juger, en disant : *attendu que le créan- « cier hypothécaire est représenté par son débiteur*, il y a lieu « d'espérer que tôt ou tard un mûr examen fera sortir la juris- « prudence de la fausse voie dans laquelle Merlin l'a engagée. »

sufruitier, ou tout autre acquéreur d'un droit réel, n'est point exacte. — Mais ce premier argument ne saurait nous arrêter. De ce que l'hypothèque est un droit réel moins étendu que l'usufruit, de ce qu'elle n'affecte pas au même degré l'immeuble sur lequel elle est établie, s'ensuit-il que le créancier n'ait pas un droit à lui propre sur le bien hypothéqué, faisant partie désormais de son patrimoine, et opposable à tous les acquéreurs de l'immeuble? En vertu de quels principes dès lors permettrait-on à un autre qu'à lui de disposer ou de compromettre son droit d'une manière quelconque?

66. On dit en second lieu que la validité de l'hypothèque étant subordonnée au droit de propriété du débiteur, « s'il vient à être jugé avec ce dernier que « sa propriété n'existe pas, ou qu'elle est dans le cas « d'être résolue par l'effet d'une cause inhérente au « titre même d'où elle dérive, alors il faut bien que « l'hypothèque du créancier s'évanouisse avec elle : « *resoluto jure dantis, resolvitur jus accipientis* (1). » — Mais ce raisonnement appliqué à notre matière est-il autre chose qu'une pétition de principe? Sans doute, si, dans la réalité des choses, le débiteur n'avait point, au moment de la constitution d'hypothèque, la propriété de l'immeuble hypothéqué, le créancier n'a pu acquérir une hypothèque valable : *nemo dat quod non habet*. Mais dans le cas prévu, la non-existence du droit de propriété entre les mains du débiteur a été seulement constatée par une décision judiciaire, et dès lors, la pré-

(1) Merlin, *Questions de droit* (Tierce-opposition, § 1, p. 57).

somption de vérité attribuée à un jugement n'étant de sa nature que relative, comment faire subir au créancier les effets de la chose jugée, à moins que celui-ci n'ait été représenté au procès? La question qui va être débattue entre le créancier hypothécaire et le tiers n'est-elle pas précisément de savoir si l'immeuble hypothéqué appartenait ou non au débiteur?

Au surplus, si l'on appliquait cette théorie au créancier hypothécaire, nous ne voyons pas pourquoi on ne l'appliquerait pas aussi à l'usufruitier ou à tout autre acquéreur d'un droit réel. Nest-il pas également vrai que pour la validité d'une transmission quelconque, le cédant doit avoir été propriétaire de la chose au moment où il l'a transmise?

67. On invoque enfin des considérations d'intérêt général; on signale les inconvénients, les difficultés qu'entraîne l'application de notre système. A quelle incertitude, nous dit-on, n'allez-vous pas soumettre les questions de propriété, si elles ne peuvent être jugées d'une manière stable que lorsque tous les créanciers hypothécaires auront été appelés dans l'instance! Supposez en cause un homme chargé de dettes : il faudra donc admettre les prétentions successives de tous les créanciers ayant hypothèque sur l'immeuble litigieux! Mais alors que de sentences! que de frais! Ne rendez-vous pas ainsi inutiles les avantages de l'institution de la chose jugée?

Mais, quoi qu'il en soit de la justesse de ces considérations, ne pouvons-nous pas leur opposer des considérations de même nature, et d'une valeur pour le moins aussi incontestable? Qui ne reconnaît, en effet, que le système contraire tend à affaiblir, à ébranler le crédit public? Qui osera aventurer ses capitaux, même sur hypothèque, s'il sait que le débiteur, par un procès mal engagé ou mal soutenu, peut faire évanouir à son gré la sûreté qu'il a donnée? Car ne peut-il pas arriver, comme le disent fort bien MM. Aubry et Rau, « que sans mauvaise foi et par « simple indifférence ou défaut d'intérêt, un débi- « teur obéré néglige la défense de ses droits, au point « de laisser intervenir des jugements par défaut sur « des actions en revendication formées contre lui; et « ne serait-il pas, en cas pareil, bien fâcheux que les « créanciers hypothécaires fussent victimes de la né- « gligence du débiteur? » — D'ailleurs, le tiers qui a intenté le procès n'a-t-il pas à se reprocher de n'avoir pas appelé en cause les créanciers hypothécaires, lorsque le système de publicité organisé par la loi lui donnait un moyen si facile de le faire, et d'imprimer ainsi au jugement à intervenir une autorité absolue?

68. Ce système de publicité n'était pas établi à Rome, et néanmoins, nous l'avons vu, les jurisconsultes romains avaient consacré dans des textes nombreux l'opinion que nous défendons, malgré les difficultés que devait faire naître l'existence d'hypothèques occultes. — On prétend, il est vrai, que cette solution dans le droit romain repose sur des principes spéciaux à cette législation et inconnus sous la nôtre. S'il était permis au créancier d'intenter l'action hypothécaire, après que la question de propriété avait été jugée avec le débiteur, c'est, dit-on, parce que cette dernière action s'appuyait sur l'existence même du droit de propriété, tandis que la première était simplement conçue *in factum*. De plus, dans le droit romain, pour consti-

tuer une hypothèque, il ne fallait pas avoir la propriété de l'immeuble *ex jure Quiritium*, il suffisait de l'avoir *in bonis*. Par conséquent, sous ce double rapport, les deux jugements ne devant pas porter sur le même objet, aucun motif ne s'opposait à l'admission des prétentions successives du débiteur et du créancier hypothécaire. — Ces principes sont sans doute incontestables. Mais la preuve la plus convaincante, ce nous semble, que les jurisconsultes romains n'en ont pas fait la base de leur décision, c'est qu'ils distinguent avec soin à quelle époque la constitution de l'hypothèque a eu lieu, si elle a précédé ou suivi le jugement rendu contre le débiteur : distinction, on le comprend, complétement inutile, si on se laissait guider par les principes énoncés plus haut ; car dans tous les cas le créancier serait recevable à intenter de son côté l'action hypothécaire. — A quoi bon d'ailleurs, si cette décision dépendait de ces principes, lui donner pour fondement la raison que peut-être le procès n'a pas été bien soutenu par le débiteur ? C'est là cependant ce que dit le jurisconsulte Papinien, dans la loi 3, *princ.*, *in fine*, D., *de pignoribus et hypothecis* : « Enimvero fieri potest, ut et pignus recte sit accep- « tum, nec tamen ab eo lis bene instituta. »

69. C'est donc un point qui nous paraît parfaitement établi, que le jugement rendu contre un débiteur sur une question de propriété d'immeuble n'est pas opposable au créancier hypothécaire dont le titre est antérieur au procès.

70. Quant aux créanciers chirographaires, il est incontestable que la chose jugée par le débiteur produit tous ses effets à leur égard, sans qu'il y ait à dis-

tinguer si leurs titres de créances ont précédé ou suivi l'introduction d'instance. En effet, d'après le droit commun, celui qui emprunte n'en reste pas moins libre d'aliéner, de s'obliger, de plaider par conséquent; et les créanciers qui, ayant foi dans leur débiteur, ne lui ont demandé aucune sûreté particulière et se sont contentés du gage général et éventuel accordé par la loi (art. 2092, 2093 Code civil), ont par cela même en quelque sorte ratifié d'avance tous les actes par lesquels ce dernier pourrait amoindrir leur gage. — Ils auraient seulement sans aucun doute, en vertu du principe écrit dans l'article 1167 du Code civil, le droit de former tierce opposition aux jugements rendus avec le débiteur en fraude de leurs droits.

71. Si la chose jugée contre le débiteur est opposable aux créanciers chirographaires, la réciproque est loin d'être vraie. « C'est ainsi, par exemple, que le jugement intervenu contre les créanciers d'une succession, exerçant comme tels les droits qui en dépendent, n'a pas l'effet de la chose jugée à l'égard des héritiers (1). »

72. Nous avons posé, en second lieu, comme principe incontestable, que les jugements rendus avec un mandataire légal, judiciaire ou conventionnel, ont force de chose jugée à l'égard des personnes dont les intérêts lui sont confiés. Dans notre droit, en effet, le caractère distinctif du mandat consiste en une représentation absolue du mandant par le mandataire. Celui-ci n'est que l'organe, l'instrument de celui qu'il

(1) M. Zachariæ (t. v, p. 771).

représente. Tant qu'il agit dans la limite de ses pouvoirs, sa personnalité s'efface sous celle du mandant. Ainsi, lorsqu'il plaide, ce n'est pas lui, juridiquement parlant, qui est en cause, qui est partie au procès; c'est le mandant lui-même, et en conséquence, c'est à ce dernier que doivent s'appliquer les effets de la chose jugée.

73. Ces principes posés, il importe de déterminer quels sont ceux à qui l'on doit reconnaître le caractère de mandataires ou de représentants légaux. Cette détermination, avons-nous dit, est parfois délicate; et en effet, les plus grandes controverses en notre matière naissent de la question de savoir si, dans certains cas, à raison des intérêts communs qui rattachent certaines personnes les unes aux autres, il n'existe pas entre elles le mandat de se représenter en justice. C'est ce qui a principalement lieu, ainsi que nous le verrons au sujet de la solidarité, de l'indivisibilité et du cautionnement.

Quoi qu'il en soit, hâtons-nous de le dire, les effets de la chose jugée sont si rigoureux, qu'on ne saurait, ce nous semble, assez les restreindre, surtout dans leur application à des personnes qui n'ont pas figuré par elles-mêmes au procès, mais qui sont censées y avoir été représentées. Aussi, dans les diverses questions que nous examinerons, faudra-t-il que le droit de représentation nous paraisse parfaitement établi, pour attribuer à un jugement force de chose jugée à l'égard de ceux qui ne sont pas intervenus en personne dans le litige. C'est le seul moyen, selon nous, de mettre l'institution de la chose jugée en harmonie avec les lois de la plus stricte justice.

74. Mais d'abord, pas de difficulté lorsqu'il s'agit d'un mandat conventionnel ou judiciaire; pas de difficulté non plus lorsqu'il s'agit d'un mandat *expressément* confié par la loi, en faveur de certaines personnes incapables d'administrer leurs biens elles-mêmes.

Ainsi, dans les cas suivants :

75. La chose jugée avec le tuteur (dûment autorisé par le conseil de famille, lorsque c'est un droit immobilier qui fait l'objet du litige, art. 464 C. civ.) produit ses effets vis-à-vis du mineur ou de l'interdit, sauf à ceux-ci la voie de la requête civile, s'ils n'ont été valablement défendus (art. 481 C. proc.);

76. Ce qui a été jugé avec le mari, dans le cas où il est investi par la loi elle-même de l'exercice des actions de la femme, est censé jugé avec cette dernière, bien qu'elle n'ait pas été mise en cause (1);

77. Les personnes morales sont liées par les jugements rendus avec leurs administrateurs : par exemple, la chose jugée contre le maire d'une commune est opposable à chaque habitant de la commune;

78. On admet encore généralement que celui qui a été mis en déclaration d'absence doit, après son retour, respecter tous les jugements rendus avec l'envoyé en possession provisoire, puisque celui-ci a qualité pour

(1) Voir, pour les principaux cas où la chose jugée avec le mari produit ses effets à l'égard de la femme, sous les divers régimes de mariage, M. Duranton (t. XIII, n° 503).

agir et défendre sur les droits de l'absent (art. 134 et 817 C. civ.);

79. Le jugement rendu avec le curateur d'une succession vacante produit ses effets à l'égard des héritiers; il doit en être de même par rapport au jugement rendu avec les agents, les syndics d'une faillite, à l'égard du failli et de la masse des créanciers; avec le gérant d'une société commerciale, à l'égard des associés.

80. Il se peut, toutefois, que dans une société *en nom collectif*, l'administration de la société n'ait pas été confiée à un gérant. Dans ce cas, « les associés sont censés s'être donné réciproquement le pouvoir d'administrer l'un pour l'autre » (art. 1859, 1°, C. civ.); et en outre, nous le savons, « les associés en nom collectif, indiqués dans l'acte de société, sont solidaires pour tous les engagements de la société, encore qu'un seul des associés ait signé, pourvu que ce soit sous la raison sociale » (art. 22 C. com.). Nous devons dès lors reconnaître à chacun des associés le droit de représenter en justice les autres coassociés en ce qui concerne, bien entendu, les intérêts de la société (1).

81. Mais la même décision ne s'applique pas en matière de sociétés civiles : l'article 1862 s'y oppose

(1) Cette décision pourrait sembler contraire aux solutions que nous donnons plus loin relativement à la solidarité. Mais, en réalité, remarquons-le bien, il y a ici deux règles spéciales : 1° le pouvoir donné implicitement à chacun des associés d'obliger la *société*, pourvu qu'il ait contracté sous la raison sociale; 2° la faculté pour le créancier de la société de considérer chacun des associés comme solidairement tenu de la dette sociale.

formellement : « Dans les sociétés autres que celles de commerce, les associés ne sont pas tenus solidairement des dettes sociales, et l'un des associés ne peut obliger les autres, si ceux-ci ne lui en ont conféré le pouvoir. »

82. Il est en outre généralement reconnu que le jugement rendu, avant l'ouverture de la substitution, avec le grevé seul, n'a pas l'autorité de la chose jugée à l'égard des appelés. Ceux-ci ne tiennent leur droit que du disposant lui-même ; le grevé n'est en aucune manière leur représentant légal. Il va sans dire qu'il n'en serait pas ainsi si le tuteur, nommé à l'exécution de la substitution, était intervenu dans l'instance et les avait valablement défendus. — Le défaut de transcription de l'acte contenant la disposition serait encore évidemment une raison pour laquelle les tiers pourraient opposer aux appelés les jugements qu'ils auraient obtenus contre le grevé.

83. Nous admettons de même, en thèse générale (1), que la chose jugée avec l'héritier apparent n'a aucun effet vis-à-vis de l'héritier réel : mais c'est là, nous devons le dire, une solution qui est combattue par des auteurs éminents (2) et rejetée par une jurisprudence constante. Notre opinion est basée sur l'impossibilité d'établir juridiquement l'existence d'un man-

(1) Nous disons *en thèse générale*, parce que nous admettons par exception, en vertu de l'art. 1240 du Code civil, que le véritable héritier doit respecter le jugement par lequel un débiteur actionné par l'héritier apparent, en exécution de la créance, a été renvoyé de la demande.

(2) MM. Demolombe, Demante, Proudhon, Zachariæ.

dat confié à l'héritier apparent, à l'effet de représenter le véritable héritier (1).

Par la même raison, nous décidons que le jugement rendu avec le possesseur ou propriétaire apparent n'a pas l'autorité de la chose jugée à l'égard du propriétaire véritable.

84. Examinons maintenant les effets de la chose jugée dans les rapports respectifs des cocréanciers et des codébiteurs solidaires.

85. Considérée soit au point de vue actif, soit au point de vue passif, la solidarité constitue, nous le savons, entre ceux qui ont contracté sous cette modalité une espèce de société ou de mandat. La loi reconnaît à chacun des contractants le pouvoir de représenter les autres dans certains actes de la vie civile.

En conséquence, pour résoudre les questions relatives à notre sujet, nous aurons uniquement à nous demander si le lien qui unit les cocréanciers ou les codébiteurs solidaires permet à l'un d'eux d'agir en justice au nom des autres.

86. Et d'abord, voyons quelle est l'autorité d'un jugement rendu avec l'un des créanciers solidaires vis-à-vis de ses cocréanciers.

Aux termes de l'article 1197 du Code civil, chacun des créanciers solidaires, en vertu du titre qui établit entre eux la solidarité, *a le droit de demander le payement du total de la créance*, par conséquent de poursuivre le débiteur : mais, s'il a ce droit, il doit avoir en même temps le pouvoir d'engager dans le procès tous les intérêts qui se rattachent à la créance commune,

(1) Voir M. Marcadé (t. I, p. 365).

et de soumettre ses cocréanciers à l'effet des jugements qui seront rendus avec lui. — Aussi décidons-nous que la chose jugée avec ce créancier, sans distinguer si elle lui est favorable ou contraire, produit tous ses effets à l'égard des autres, à moins, bien entendu, d'une collusion frauduleuse entre lui et le débiteur.

87. Quand le jugement est favorable, notre décision n'est contestée par personne; mais, à l'inverse, lorsqu'il est rendu contre le créancier, elle soulève de nombreuses controverses.

D'après quelques auteurs, il résulte des dispositions de la loi sur la solidarité active, qu'un créancier solidaire ne peut faire directement ou indirectement aucun acte préjudiciable à ses cocréanciers : il peut rendre leur condition meilleure, mais non l'aggraver. Ainsi, l'article 1365, 2°, du Code civil, manifeste suffisamment que tel est l'esprit de la loi : « Le serment déféré par l'un des créanciers solidaires au débiteur ne libère celui-ci que pour la part de ce créancier. » — Mais pour répondre à cet argument il suffit de faire remarquer que la disposition contenue dans l'article 1365 est fondée sur un motif spécial, exceptionnel; qu'en effet si le législateur a cru devoir enlever à chaque créancier le droit de compromettre les intérêts de ses cointéressés par la délation du serment, c'est pour prévenir les collusions ou les fraudes qu'un tel moyen de preuve rend si faciles; et que par conséquent il faut se garder d'étendre, de généraliser cette disposition. C'est ce qu'indique, du reste, la contexture même de l'article 1365. Après avoir dit *que le serment fait ne forme preuve qu'au profit de celui qui l'a déféré*, ou con-

tre lui, et au profit de ses héritiers et ayants cause, ou contre eux, cet article ajoute dans le second alinéa : *Néanmoins, le serment déféré par l'un des créanciers solidaires au débiteur ne libère celui-ci que pour la part de ce créancier*. Or, cette locution restrictive, *néanmoins*, prouve bien qu'à ne pas s'écarter du principe posé dans la première partie de l'article, le débiteur devrait être complétement libéré par le serment qu'il a prêté sur la délation d'un des créanciers solidaires, et que, s'il n'en est pas ainsi, c'est à raison de considérations spéciales à la matière du serment.

88. En second lieu, voyons les effets de la chose jugée avec l'un des débiteurs solidaires, par rapport à ses codébiteurs (1).

89. La plupart des auteurs établissent encore ici une distinction entre le cas où le débiteur a obtenu gain de cause et celui où il a succombé. Dans le premier cas, les codébiteurs ont été légalement représentés et ils peuvent en conséquence se prévaloir du jugement; dans le second, au contraire, ils sont restés complétement étrangers au procès, et on ne peut invoquer contre eux l'autorité de la chose jugée.

Mais rien, selon nous, n'est plus illogique et plus injuste que cette distinction. Ou bien les codébiteurs tiennent de leur volonté ou de la loi le mandat de se représenter en justice les uns les autres; et alors la chose jugée avec l'un d'eux doit être dans tous les cas jugée

(1) Nous supposons évidemment, que le débiteur a triomphé ou succombé en proposant des exceptions ou moyens de défense communs à tous les débiteurs; s'il n'avait invoqué que des exceptions à lui personnelles, il est incontestable que les effets du jugement ne pourraient s'appliquer qu'à lui.

à l'égard de tous : ou bien ils n'ont pas reçu un semblable mandat, et alors le jugement rendu avec l'un des codébiteurs ne peut ni profiter ni nuire aux autres. N'est-il pas, en effet, bien difficile d'admettre qu'en donnant à une personne le pouvoir d'agir en notre nom, nous ayons le droit de lui dire : Je vous donne mandat de me représenter, mais toutefois, sous la réserve que le procès tournera à mon avantage!

99. Donc, pour déterminer l'effet du jugement rendu avec l'un des débiteurs solidaires par rapport aux autres, il s'agit uniquement de savoir si le mandat de se représenter en justice existe entre ces coobligés.

Or, en l'absence d'un texte de loi qui tranche la question à l'égard des débiteurs solidaires, comme pour le cas d'une solidarité établie entre créanciers, il nous semble résulter d'une manière certaine des principes de la solidarité passive qu'un pareil mandat n'est pas confié aux codébiteurs. — En faveur de qui la solidarité passive est-elle établie? uniquement en faveur du créancier, pour rendre plus efficace la garantie de ses droits : et c'est pour parvenir à ce but, que la loi prend le soin de constituer les codébiteurs mandataires les uns à l'égard des autres pour tous les actes qui assurent la conservation et l'exécution de l'obligation. Ainsi, *les poursuites faites contre l'un des débiteurs solidaires interrompent la prescription à l'égard de tous* (art. 1206 C. civ.); *la demande d'intérêts formée contre l'un des débiteurs solidaires fait courir les intérêts à l'égard de tous* (art. 1207 C. civ.); *si la chose due a péri par la faute ou pendant la demeure de l'un ou de plusieurs des débiteurs solidaires, les autres codébiteurs ne sont point déchargés de l'obligation de payer le prix de la chose* (art. 1205 C. civ.). L'intérêt du créancier, la garantie de ses droits, telles sont donc les limites dans lesquelles doit s'exercer le mandat établi entre les codébiteurs : les droits du créancier une fois sauvegardés, les codébiteurs ne sont plus dans leurs rapports respectifs que de simples cautions, de telle sorte qu'il n'est permis à aucun d'eux d'augmenter par son fait l'obligation commune (art. 1205 C. civ.), et que si l'un d'eux a acquitté la totalité de la dette, il ne peut recourir contre chacun de ses codébiteurs que pour la part dont chacun est tenu personnellement (art. 1213 C. civ.).

91. Ces principes posés, il doit nous être facile d'en faire l'application dans la matière qui nous occupe. Nous allons reprendre successivement les deux hypothèses qui peuvent se présenter : celle où le jugement a été favorable au débiteur, et celle où il a été rendu contre lui.

92. Quant à la seconde hypothèse, il est généralement admis que le jugement rendu contre l'un des débiteurs solidaires n'est pas opposable aux autres. Pour nous, qui nions l'existence d'un mandat entre les codébiteurs à l'effet de se représenter mutuellement en justice, cette décision va de soi, elle ne peut souffrir de doute; mais elle est également partagée par presque tous les auteurs.

Voici ce que dit sur cette question M. Rodière, dans son *Traité de la solidarité et de l'indivisibilité* :

« Les débiteurs non actionnés peuvent-ils, après la « chose jugée avec leur codébiteur, opposer des ex-

« ceptions communes? Nul doute, à nos yeux, qu'ils « ne le puissent si ces exceptions n'ont pas été pro« posées par leur codébiteur. Il est impossible de « supposer qu'ils aient autorisé leur codébiteur à « sacrifier leurs droits, et la loi ne suppose jamais les « débiteurs solidaires suffisamment représentés par « leur codébiteur que lorsqu'il s'agit pour le créan« cier d'éviter une perte (art. 1206 et 1207).

« La difficulté n'est pour nous sérieuse que lorsque « les débiteurs, non actionnés d'abord, n'ont à oppo« ser que des exceptions communes que leur codébi« teur avait déjà opposées vainement. Le créancier « peut objecter alors à ces codébiteurs que s'il les « avait actionnés dès l'origine, ils n'auraient pas été « plus heureux que leur codébiteur, parce qu'ils n'au« raient pas proposé d'autres moyens de défense que « ceux inutilement présentés par ce dernier.

« Mais les débiteurs non actionnés peuvent encore « répondre avec avantage qu'autre chose est proposer « un moyen, autre chose est le prouver; que la bonne « position des conclusions est sans doute une chose « essentielle pour le gain d'un procès, mais que l'ha« bileté de la plaidoirie n'est pas moins essentielle; « qu'on peut bien voir à la lecture d'un jugement « qu'une affaire a été bien conclue, mais qu'il est im« possible de voir si elle a été bien plaidée; qu'ainsi, « avec les mêmes conclusions, ils auraient peut-être « obtenu un avantage que leur codébiteur, par sa « faute ou celle de son avocat, n'a pas obtenu (1). »

Ces observations nous paraissent, comme à M. Ro-

(1) *De la solidarité et de l'indivisibilité*, n° 109.

dière, sans réplique. — D'ailleurs, il faut le dire, si les effets de la chose jugée contre l'un des débiteurs pouvaient être invoqués contre les autres, on reconnaîtrait par là même à chaque codébiteur le droit d'aggraver l'obligation commune, ce qui est contraire aux principes que nous avons énoncés plus haut.

93. Supposons maintenant le cas où le jugement a été favorable au débiteur. Suivant un grand nombre d'auteurs, ainsi que nous l'avons déjà dit, les codébiteurs peuvent se prévaloir de ce jugement. Cette opinion paraît à Toullier (1) « une conséquence directe des principes reçus en matière de solidarité : la dette solidaire n'est qu'une seule et même dette ; elle est due en totalité par chacun des débiteurs ; elle provient de la même cause : *Ex una stirpe, unoque fonte unus effluxit contractus, vel debiti causa apparuit* (L. ult., Cod., de duobus reis). » Mais s'il est vrai qu'il y a une seule obligation, *quoad rem*, c'est-à-dire si on considère le contrat sous le rapport de l'objet de l'obligation, il n'est pas moins certain que si on le considère sous le rapport des personnes, *quoad personas*, on trouve autant de liens, autant d'obligations que de codébiteurs (2). Tout consiste donc à savoir si entre ces personnes il existe un mandat, et quelle en est la portée.

L'article 1365, 4°, du Code civil, dit-on, manifeste clairement à ce sujet l'esprit de la loi. Cet article dispose, en effet, que *le serment déféré à l'un des débi-*

(1) Toullier, 2e partie, explication de l'art. 1351, n° 202.
(2) M. Duranton, t. XIII, n° 519.

teurs solidaires profite aux codébiteurs, et il doit en être ainsi, par analogie, de tous les cas où un jugement est rendu au profit de l'un des débiteurs. Mais la meilleure preuve que la disposition de l'article 1365 est particulière à la matière du serment, et que par conséquent elle ne peut être généralisée, c'est la décision contenue dans le même article, au paragraphe suivant. Il y est dit *que le serment déféré à la caution profite au débiteur principal*, et cependant il est à peu près universellement reconnu que le jugement rendu en faveur de la caution ne peut être invoqué par le débiteur. Par ces dispositions exceptionnelles, la loi, ce nous semble, a voulu éviter de faire apparaître, autant qu'il se peut, un violateur de la sainteté du serment.

A quelles conséquences, d'ailleurs, conduit l'opinion qui s'appuie sur l'article 1365 ? Nous savons que la solidarité passive est uniquement établie dans l'intérêt du créancier ; que la loi ne suppose jamais les débiteurs solidaires suffisamment représentés par leur codébiteur que lorsqu'il s'agit pour le créancier d'éviter une perte ; et voilà que le créancier, qui a voulu s'assurer par la stipulation de la solidarité une garantie plus efficace pour la conservation de ses droits, trouve dans cette solidarité même une raison d'être moins protégé qu'un créancier pur et simple ! Il est vrai qu'aux termes de l'article 1285 du Code civil *la remise ou décharge conventionnelle* qu'il aurait faite *au profit de l'un des codébiteurs solidaires*, aurait libéré *tous les autres, à moins qu'il n'eût expressément réservé ses droits contre ces derniers*. Mais la présomption de libéralité sur laquelle est fondée cette disposition, si peu conforme d'ailleurs à la raison et aux principes du droit, peut-elle s'appliquer au cas où le créancier exerce des poursuites judiciaires?

Et qu'on ne dise pas que « le créancier a dû com« battre par tous ses moyens et de toutes ses forces « la défense proposée dans le premier procès; que si, « au lieu d'actionner un seul des débiteurs, il les « avait actionnés tous, il aurait nécessairement suc« combé vis-à-vis de tous, comme il a succombé vis« à-vis de celui qu'il avait actionné; et qu'en divisant « son action il n'a pu se procurer l'avantage de tenter « plusieurs fois la chance judiciaire, *aleam judicio« rum*, sur la même contestation (1). » — Ces considérations ne nous semblent avoir aucune valeur juridique : c'est absolument comme si l'on disait, par exemple, que le créancier de la succession qui a agi contre l'un des héritiers est censé avoir combattu, par tous ses moyens et de toutes ses forces, la défense proposée, et qu'ainsi, s'il a succombé, il ne lui est pas permis d'agir de nouveau contre les autres héritiers. — Est-ce qu'il ne peut pas se faire que dans le premier procès, comme le dit M. Rodière à propos de la chose jugée contre l'un des débiteurs solidaires, *les conclusions aient été mal posées, mal défendues? N'est-ce pas, en effet, autre chose de proposer un moyen, autre chose de le prouver?*

94. Nous disons donc que le jugement rendu en faveur de l'un des débiteurs solidaires ne profite point aux autres. Le créancier pourra les poursuivre, mais seulement il devra dans ces nouvelles poursuites dé-

(1) M. Rodière, *De la solidarité et de l'indivisibilité*, n° 105.

duire la part du débiteur qui a obtenu gain de cause. Il faut, en effet, que le jugement obtenu par ce dernier reçoive son exécution, et il n'en serait point ainsi si les codébiteurs pouvaient être actionnés pour le tout et condamnés à payer la totalité de la dette. Ceux-ci, dans le cas où ils succomberaient, auraient un recours contre leur débiteur, et ils rendraient ainsi inefficace le jugement rendu à son profit.

95. Les solutions que nous venons de donner en matière de solidarité passive s'appliquent à plus forte raison à l'indivisibilité. En effet, ni la loi ni la nature de leur contrat n'établissent entre les divers créanciers ou débiteurs d'une obligation indivisible aucune espèce de société ou de mandat, et par conséquent la chose jugée avec l'un d'eux ne peut produire ses effets à l'égard des autres.

Les auteurs qui ont admis pour la solidarité la distinction entre le cas où le jugement a été favorable et celui où il a été contraire, posent en général la même distinction en matière d'indivisibilité. Mais les raisons qui nous ont fait rejeter ce système, quand il s'agit de codébiteurs solidaires, conservent ici toute leur force, et nous croyons refuser d'une manière absolue aux créanciers ou aux débiteurs d'une obligation indivisible le pouvoir de se représenter mutuellement en justice.

Quoi qu'il en soit, afin de bien déterminer les effets de la chose jugée dans les rapports respectifs de ces cocréanciers et de ces codébiteurs, il importe d'examiner séparément le cas où l'obligation est indivisible *natura*, et celui où elle est indivisible *obligatione*.

96. Voyons d'abord les diverses hypothèses qui peuvent se présenter dans le premier cas.

L'obligation est indivisible *natura*, nous le savons, *lorsqu'elle a pour objet une chose qui dans sa livraison ou un fait qui dans l'exécution n'est pas susceptible de division, soit matérielle, soit intellectuelle* (art. **1217**) : par exemple, une servitude de passage.

Supposons donc que deux personnes soient copropriétaires d'un fonds prétendu dominant, et que l'une d'elles poursuive le propriétaire du fonds servant, à l'effet de faire reconnaître sur ce fonds une servitude de passage au profit de l'héritage commun. Cette personne obtient gain de cause ou succombe.

97. Dans cette dernière hypothèse, de l'avis de presque tous les auteurs, le jugement obtenu contre cette personne ne peut pas être opposé à l'autre copropriétaire, et celui-ci sera reçu par conséquent à réclamer à son tour la même servitude. « En effet, comme le dit fort bien M. Marcadé, l'indivisibilité de l'objet ne saurait faire que la question de savoir à qui il appartient, puisse se juger contre quelques-uns de ceux qui s'en prétendent maîtres, sans leur concours. Qu'importe que la chose soit indivisible? Peut-il y avoir là une raison, un prétexte même, pour que je sois dépouillé de ma copropriété sur elle, sans être admis à défendre mon droit (1)? »

98. Au contraire, lorsque le jugement a été rendu en faveur de l'un des copropriétaires, on reconnaît généralement à l'autre le droit de s'en prévaloir. On n'invoque pas, il est vrai, pour expliquer cette diffé-

(1) M. Marcadé, t. v, page 187.

rence, l'indivisibilité de l'objet; car ce serait contredire la décision précédente, et d'ailleurs tout le monde sait que, dans l'esprit de la loi, l'indivisibilité n'est pas un obstacle à l'application du principe de l'effet purement relatif des jugements. On se fonde uniquement sur la prétendue existence d'un mandat entre les divers copropriétaires, en vertu duquel l'un d'eux aura suffisamment représenté les autres dans les procès qui auront pour issue un jugement favorable, mais aura été sans qualité, si le jugement peut leur porter quelque préjudice.

Si nous admettions l'existence d'un mandat entre les copropriétaires d'une chose indivisible, à l'effet de se représenter en justice, nous reculerions, comme nous l'avons déjà dit à propos de la solidarité, devant une distinction qui nous paraît tout à fait anormale; et, le mandat existant, nous ferions produire, en vertu d'une juste réciprocité, les mêmes effets à la chose jugée, soit qu'elle fût favorable, soit qu'elle fût contraire aux intérêts des copropriétaires. Mais il nous paraît bien difficile d'établir juridiquement un pareil mandat, lorsqu'on n'a aucun texte de loi à invoquer, et que l'indivisibilité peut exister entre des personnes qui ne se connaissent pas; et sans qu'il soit d'ailleurs besoin, comme dans la solidarité, du concours de leurs volontés. — C'est pourquoi nous décidons, dans l'espèce posée, que le jugement qui a reconnu à l'un des copropriétaires un droit de servitude de passage ne doit pas profiter à l'autre.

99. Au lieu de deux copropriétaires d'un fonds prétendu dominant, nous pouvons supposer deux copropriétaires d'un fonds prétendu servant. Une

10

personne intente l'action confessoire contre l'un d'eux et triomphe. Sans contredit l'autre copropriétaire pourra s'opposer à l'exécution de ce jugement; car cette exécution ne pourrait avoir lieu sans lui nuire. Il doit en être, dans ce cas, comme dans celui où l'un des copropriétaires aurait reconnu par une convention une servitude sur l'héritage commun; l'autre évidemment ne pourrait souffrir de cette convention. D'ailleurs la personne qui a intenté l'action confessoire est en faute de n'avoir pas mis en cause les deux copropriétaires, et elle n'est pas même reçue à demander une indemnité au copropriétaire qui a succombé. Celui-ci n'aurait qu'à lui répondre : « L'obligation que m'impose le jugement est de vous laisser jouir de la servitude; or, en ce qui me concerne, je ne mets aucun obstacle à l'exercice de votre droit. »

Si, au contraire, la personne qui a réclamé la servitude à l'un des deux copropriétaires a succombé, elle ne sera pas pour cela déchue du droit d'agir contre l'autre. Seulement, le jugement favorable qu'elle aurait obtenu dans la seconde action ne pourra pas être exécuté, tant que la copropriété subsistera entre eux : celui qui a triomphé est recevable à y former tierce opposition. L'exécution ne deviendra possible, c'est-à-dire la servitude ne pourra être exercée, que si la copropriété vient à cesser, et si celui contre lequel le jugement a été rendu se trouve par le partage avoir la propriété exclusive du fonds.

100. Voyons maintenant en quelques mots les effets de la chose jugée dans le cas où l'obligation est indivisible *obligatione*. — Cette espèce d'indivisibilité existe

lorsque la chose ou le fait qui est l'objet de l'obligation est indivisible par suite du rapport sous lequel cette chose ou ce fait, divisible d'ailleurs de sa nature, est considéré dans l'obligation (art. 1218 C. civ.) : par exemple, une maison à construire.

Prenons donc l'hypothèse suivante : Une personne qui s'est engagée à me bâtir une maison meurt avant d'avoir rempli son engagement, laissant deux héritiers : dès lors, nous le savons, chacun de ces héritiers est tenu *in solidum* vis-à-vis de moi de l'obligation contractée par le *de cujus*. En conséquence, je puis agir contre l'un d'eux seulement; et il peut se faire que celui-ci n'use pas du droit qu'il a de mettre en cause son cohéritier (art. 1225 C. civ.). Quels seront alors les effets du jugement à l'égard du cohéritier qui n'est pas intervenu dans l'instance? — Par les mêmes raisons que nous avons déjà données, nous croyons que le jugement ne pourra être invoqué ni par ni contre lui; car ce cohéritier n'a été nullement représenté au procès. Donc, je pourrai ou je devrai intenter contre lui une action nouvelle et directe.—Mais qu'arrivera-t-il si, des deux jugements prononcés, l'un a reconnu mon droit et l'autre m'a débouté de ma demande? Me sera-t-il permis de réclamer de celui des héritiers vis-à-vis duquel j'ai triomphé l'exécution de l'obligation? Oui; car cette exécution peut s'effectuer sans nuire à l'autre héritier : ce qui est tout différent, nous l'avons vu, lorsqu'il s'agit d'une obligation indivisible *natura*. Toutefois, l'héritier qui, en vertu du jugement rendu contre lui, est tenu d'exécuter l'obligation, ne saurait sans injustice souffrir aucun dommage de ce qu'il se trouve seul à l'exécuter. Si, dans la même hypothèse, j'avais fait remise de la dette à l'un des héritiers, je devrais concourir de mes propres deniers à la construction de la maison pour la part de celui que j'aurais déchargé de l'obligation : il doit en être de même dans le cas qui nous occupe.

101. D'après ce que nous venons de voir, en matière de solidarité et d'indivisibilité, pour bien déterminer les effets de la chose jugée dans ces parties si difficiles du droit, il faut se demander avant toutes choses s'il existe ou non, entre les divers cointéressés d'une obligation solidaire ou indivisible, un mandat à l'effet de se représenter en justice. C'est là une question fondamentale dont la solution doit influer d'une manière décisive sur l'application des principes de la chose jugée à la solidarité et à l'indivisibilité. — Nous pouvons en dire autant par rapport au cautionnement : c'est ce que nous allons essayer de démontrer, en examinant quelle est la force du jugement rendu avec le débiteur principal à l'égard de la caution, et *vice versa*.

102. Suivant la plupart des auteurs, le jugement obtenu contre le débiteur principal est opposable à la caution, à moins, bien entendu, qu'elle n'ait à proposer des exceptions ou des moyens de défense personnels. Mais cette opinion, quelque imposante que soit l'autorité des jurisconsultes qui la soutiennent, ne nous semble nullement admissible.

Il est d'abord bien certain que les conventions faites par le débiteur relativement à la dette n'ont aucun effet à l'égard de la caution, et qu'ainsi, par exemple, on ne peut pas opposer à cette dernière la transaction par laquelle le débiteur aurait reconnu l'existence ou la validité de son obligation (1). N'est-ce pas là une preuve que, dans ce cas, le débiteur ne représente pas la caution? Et s'il n'a pas le droit de la représenter dans les conventions qu'il peut faire relativement à la dette, quelle raison de le lui accorder, quand il s'agit de contester en justice l'existence ou la validité de cette même dette? — Dans tout procès n'y a-t-il pas, ainsi que nous l'avons dit, une espèce de quasi-contrat? *judiciis quasi contrahimus.*

M. Troplong trouve dans les deux considérations suivantes une raison d'accorder au débiteur principal le droit de représenter la caution en justice : *Le débiteur*, dit-il, *est souvent plus capable que la caution pour défendre à la demande : il est mieux instruit des moyens et des faits, et le fidéjusseur* ou la caution *est censé lui avoir donné mandat pour soutenir les intérêts communs.* — D'ailleurs, *un fidéjusseur n'est pas censé prévoir les transactions par lesquelles il plaît au débiteur de modifier les obligations; mais il est censé savoir que ce débiteur aura des procès, et qu'il en sera le défenseur le meilleur et le plus zélé* (2).

Mais de semblables présomptions fondées sur des circonstances si arbitraires, si hypothétiques, peuvent-elles avoir quelque influence dans la décision de la question ? Y a-t-il vraiment là une raison juridique d'enlever à la caution la faculté de défendre elle-même ses droits? — C'est comme si, dans l'espèce d'une personne qui a vendu un immeuble et qui postérieure-

(1) M. Mourlon, *Répétitions écrites sur le Code civil*, tome II, page 731.

(2) M. Troplong, *Du cautionnement*, tome XVII, n° 512.

ment à cette aliénation, défend à une revendication de cet immeuble, on disait que l'acheteur est censé avoir donné mandat à son vendeur de soutenir les intérêts communs, par cela seul que le vendeur est naturellement mieux instruit des moyens et des faits propres à établir la propriété de l'immeuble.

C'est donc en dehors de pareilles considérations que nous devons chercher s'il n'est pas possible d'établir ce mandat, soit d'après les dispositions de la loi, soit d'après la nature des relations qui existent entre le débiteur et la caution. Or, non-seulement aucun texte de loi n'implique la réalité de ce mandat; mais elle ne ressort pas davantage des rapports de dépendance qui lient l'obligation de la caution à celle du débiteur.

Sans doute, l'existence du cautionnement est subordonnée à l'existence même de la dette principale, de telle sorte que si celle-ci est reconnue exister, la caution est tenue elle aussi de son côté, en tant qu'il y a cautionnement. Ce n'est pas là ce que conteste la caution à qui l'on oppose le jugement rendu contre le débiteur : mais elle prétend, elle soutient qu'il n'y a pas de cautionnement, et ce n'est que pour arriver à établir cette prétention qu'elle invoque les causes de nullité ou d'extinction de l'obligation principale. Elle ne les invoque donc pas du chef du débiteur, mais bien en son propre nom. « Elle les fait valoir, comme disent les annotateurs de M. Zachariæ, bien moins pour nier les droits du créancier contre le débiteur que pour contester l'existence ou la validité de son engagement personnel; et il est impossible de soutenir que le débiteur principal représente la caution, quant à la question d'existence ou de validité de l'obligation de cette dernière (1). »

Conséquemment nous décidons que la chose jugée contre le débiteur n'est point opposable à la caution, et en garantissant ainsi les droits de cette dernière, nous croyons être tout à fait dans l'esprit de la loi, toujours favorable aux personnes qui, par un sentiment de bienfaisance et de générosité, ont cautionné la dette d'autrui.

Qu'on ne dise pas d'ailleurs que les intérêts de la caution trouveront dans le débiteur lui-même *le meilleur et le plus zèlé défenseur*. En écartant même toute supposition de fraude entre le débiteur et le créancier, chose qui n'est pas impossible, mais qu'il est toujours bien difficile d'établir, ne peut-il pas se faire que le débiteur, se trouvant insolvable au moment où il est actionné par le créancier, ne défende les intérets communs qu'avec nonchalance, et d'une manière très-imparfaite? La caution, dira-t-on, n'a qu'à intervenir dans le procès pour prévenir ces dangers : mais ne peut-elle pas ignorer, sans aucune faute de sa part, l'instance engagée avec le débiteur? Ne serait-on pas au contraire beaucoup plus en droit de reprocher au créancier de n'avoir pas mis en cause la caution ? Pourquoi ne l'a-t-il pas fait, s'il est de bonne foi, s'il a confiance en la légitimité de sa demande? Ne doit-il pas alors s'en prendre uniquement à lui-même, si le jugement qu'il obtient ne produit d'effet que vis-à-vis du débiteur ?

103. Au lieu d'être contraire au débiteur princi-

(1) MM. Aubry et Rau, M. Zachariæ, tome v, p. 773, note 40.

pal, le jugement intervenu sur la poursuite du créancier pourrait lui être favorable. Dans cette hypothèse, il est unanimement reconnu que le jugement doit profiter à la caution. Mais s'il en est ainsi, ce n'est pas parce que le débiteur a représenté la caution dans le procès, comme le soutiennent certains auteurs; mais c'est parce que si le créancier avait, malgré le jugement, le droit de poursuivre encore la caution, celle-ci, dans le cas où elle viendrait à succomber, pourrait exercer son recours contre le débiteur, et paralyserait ainsi les effets du jugement déjà rendu. Au reste, la caution, actionnée par le créancier, aurait le droit d'appeler le débiteur en cause, et celui-ci repousserait alors le créancier en invoquant l'autorité de la chose jugée.

104. Du moment que nous n'admettons pas la représentation de la caution par le débiteur, nous ne pouvons admettre à plus forte raison la représentation du débiteur par la caution. Aussi décidons-nous que la chose jugée entre le créancier et la caution, que celle-ci ait obtenu gain de cause ou qu'elle ait succombé, ne peut produire aucun effet à l'égard du débiteur.

105. Si le jugement a été contraire à la caution, pas de controverse.— « La caution qui s'est laissé condamner sans dénoncer l'instance au débiteur principal doit être comparée à celle qui a payé sans l'avoir averti, cas auquel il n'est porté aucune atteinte aux exceptions du débiteur (art. 2031 C. civ.) (1). »

106. Si c'est au contraire en faveur de la caution

(1) Proudhon, *Traité des droits d'usufruit*, t. III, n° 1325.

que le jugement a été rendu, certains auteurs distinguent entre le cas où il n'a porté que sur le fait du cautionnement : nul doute alors que le débiteur ne soit dans l'impossibilité de s'en prévaloir ; et celui où il a porté sur le fait même de la dette : dans cette dernière hypothèse, le débiteur pourrait l'invoquer.

Mais cette distinction ne nous paraît nullement fondée. — Il est vrai qu'aux termes de l'article 1365, 5°, du Code civil, si la caution a triomphé pour avoir prêté le serment à elle déféré par le créancier sur la dette elle-même, le jugement profite au débiteur ; mais nous ne devons pas oublier que la disposition de l'article 1365 est tout exceptionnelle, ainsi que nous l'avons dit, en matière de solidarité. La loi veut éviter, autant qu'il se peut, de faire apparaître un parjure.

Au surplus, comme le dit fort bien M. Duranton (tom. XIII, n° 518) : « Le créancier en déférant le serment est censé avoir consenti à reconnaître qu'il n'y aurait effectivement point de dette s'il était prêté. » On ne saurait s'expliquer d'une autre manière l'emploi qu'il fait d'un moyen aussi dangereux que le serment. — Mais cette présomption n'a plus de base, lorsque le jugement est rendu à la suite d'une contestation sérieuse, dans laquelle le créancier a cherché à établir ses droits par tout autre moyen de preuve.

107. D'après les questions que nous avons examinées jusqu'ici, la chose jugée ne produit donc qu'un effet purement relatif, rigoureusement limité à l'intérêt des parties et de leurs ayants cause. — Toutefois, est-ce là un principe qui ne souffre pas d'exception?

La sentence du juge n'a-t-elle jamais une autorité absolue, ne fait-elle jamais loi à l'égard de tous?

108. Certains auteurs croient pouvoir soustraire à l'application du principe les jugements rendus, soit relativement à la qualité d'héritier, soit en matière de questions d'état. La généralité des termes de l'article 800 du Code civil, d'une part, et l'importance des questions qui se rattachent à l'état des personnes, d'autre part, leur paraissent justifier de semblables dérogations. Mais, hâtons-nous de le dire, une telle doctrine nous semble manquer de fondement solide, et nous ne saurions admettre aucune exception au principe posé par l'article 1351.

109. Voyons, en effet, sur quels motifs repose la théorie contraire; et d'abord occupons-nous de l'influence de la chose jugée relativement à la qualité d'héritier.

La base de l'exception qu'on voudrait introduire en cette matière est, avons-nous dit, la disposition générale de l'article 800 du Code civil. Cet article s'exprime ainsi : « L'héritier conserve néanmoins, après l'expiration des délais accordés par l'article 795, même de ceux donnés par le juge, conformément à l'article 798, la faculté de faire encore inventaire et de se porter héritier bénéficiaire, s'il n'a pas fait d'ailleurs acte d'héritier ou *s'il n'existe pas contre lui de jugement passé en force de chose jugée, qui le condamne en qualité d'héritier pur et simple.* » Et c'est à propos des derniers mots de cet article, qu'on se demande quelle doit être l'autorité du jugement obtenu contre le successible par l'un des légataires ou des créanciers de la succession, à l'égard des autres; si le successible ainsi condamné est déchu vis-à-vis de tous, et non pas seulement vis-à-vis de celui qui a soutenu le procès, de la faculté de renoncer ou d'accepter sous bénéfice d'inventaire.

Or, dit-on, l'article 800 est conçu en termes généraux et illimités; et d'ailleurs, le législateur a mis à côté l'un de l'autre le cas où le successible a fait acte d'héritier et celui où il a subi un jugement. N'est-il pas dès lors présumable que le législateur a voulu assimiler ces deux cas, et attribuer ainsi à la chose jugée sur la qualité d'héritier une influence exceptionnelle, dérogatoire au droit commun?

Sans doute, on ne saurait s'empêcher de le reconnaître, il y a dans la rédaction de l'article 800 quelque chose qui semble favorable à cette interprétation; mais, en vérité, peut-on y voir une raison suffisante d'admettre, contre la disposition expresse de la loi, une exception qui viole directement la première règle de toute justice, sur laquelle est fondé le principe de l'effet relatif des jugements? — Est-il donc impossible de concilier l'article 800 et l'article 1351? Pourquoi le premier ne s'expliquerait-il pas par l'autre, en ce sens que les derniers mots de l'article 800 : *s'il n'existe pas*..., etc., ne s'appliqueraient que dans la limite des conditions posées par l'article 1351, c'est-à-dire que le jugement obtenu contre le successible ne pourrait être invoqué que par celui qui a été partie dans l'instance? — Qu'on le remarque d'ailleurs, si l'article 800 n'existait pas, la question proposée ne ferait doute pour personne. On admettrait sans hésiter l'application pure et simple de l'article 1351 (1).

(1) Telle était l'opinion de Pothier : « L'héritier ainsi condamné,

Comment donc, encore une fois, sur le seul fondement d'une disposition aussi incertaine que celle de l'article 800, pourrait-on se croire autorisé à déroger aux principes de la chose jugée ?

110. Il est vrai, toutefois, que ceux qui veulent voir dans cet article une exception au droit commun cherchent à appuyer leur système sur d'autres arguments, tirés soit de l'indivisibilité de la qualité d'héritier, soit de la nature du quasi-contrat judiciaire, soit enfin de certaines considérations d'utilité pratique et d'intérêt général ; mais ces arguments sont si faibles, si fragiles, qu'on aurait peut-être mieux fait, dans l'intérêt du système à soutenir, de les laisser de côté, et de se retrancher purement et simplement derrière les termes généraux et absolus de l'article 800.

111. Et d'abord, à l'argument tiré de l'indivisibilité de la qualité d'héritier, on peut répondre que,

« en qualité d'héritier, envers un créancier ou un légataire « par un jugement souverain ou en dernier ressort, est bien « obligé, à cause de l'autorité de la chose jugée, à payer les « sommes auxquelles il est condamné ; mais il ne devient pas « héritier pour cela ; car il ne peut pas être héritier sans avoir « voulu l'être, selon notre règle de droit coutumier : *n'est héri-* « *tier qui ne veut.* C'est pourquoi cette condamnation n'empê- « chera pas cet héritier de renoncer valablement à la succes- « sion, par la suite, vis-à-vis des autres créanciers ou légataires « qui ne pourront pas lui opposer l'arrêt de condamnation qui a « été rendu contre lui en qualité d'héritier, parce qu'ils n'étaient « point parties en cet arrêt, et que c'est un principe de droit « qu'un jugement ne fait loi qu'entre les parties entre lesquelles « il a été rendu : *res inter alios judicata, aliis nec prodest, nec* « *nocet* » (*Traité des successions*, chap. III, sect. v).

sans doute, la qualité d'héritier est indivisible lorsqu'on la considère en elle-même, abstractivement; mais que considérée en droit, par rapport aux faits juridiques auxquels elle donne lieu, elle est parfaitement susceptible de division. Au point de vue abstrait, l'état des personnes dans la société civile est aussi indivisible que la qualité d'héritier; et cependant, la loi n'hésite pas à appliquer aux questions d'état, ainsi que nous le verrons tout à l'heure, le principe de l'effet relatif de la chose jugée (art. 100 C. civ.). C'est qu'en effet, aux yeux de la loi, ce qui constitue l'état des personnes comme la qualité d'héritier, ce sont uniquement les droits et les obligations qui s'y rattachent; et quoi de plus divisible que ces droits et ces obligations!

Au reste, comme le fait remarquer M. Valette, si on admettait la théorie de l'indivisibilité de la qualité en matière de succession, « on serait conduit à dire « aussi qu'un jugement qui a déclaré valable une re-« nonciation à succession peut servir de titre au pré-« tendu renonçant, même contre des tiers... On arri-« verait ainsi forcément à décider que des créanciers « ou des cohéritiers, qui n'ont pas été parties au juge-« ment, ne seraient point recevables à prouver que la « renonciation est nulle, à raison d'actes antérieurs « d'acceptation; or, ce résultat est évidemment inad-« missible (1). »

112. Quant au second argument tiré de la nature du quasi-contrat judiciaire, il ne saurait avoir plus de

(1) Extrait d'une dissertation sur la question, publiée dans la *Revue étrangère et française*, 1842, t. IX, p. 257 et suiv.

force que le précédent. On prétend que le successible condamné en qualité d'héritier pur et simple doit être, à raison du quasi-contrat judiciaire, traité comme si, dans un contrat, il s'était déclaré héritier; ce qui constitue une acceptation de la succession. « Mais est-il possible, ainsi que le dit encore M. Va-« lette, de considérer le successible comme ayant « accepté la qualité d'héritier, lorsque le refus qu'il « fait de cette qualité est précisément la cause du « litige, par exemple, lorsqu'il nie l'existence d'un « acte d'acceptation que son adversaire lui attribue? » M. Treilhard, du reste, dans la séance du conseil d'État du 9 nivôse an XI, où s'était engagée une discussion sur la question qui nous occupe, avait déjà répondu de la même manière aux observations de M. Malleville qui avait produit ce même argument. « M. Treilhard, porte le procès-verbal, dit « qu'il y a entre ces deux cas (celui où le successible a fait acte d'héritier et celui où il a subi un jugement de condamnation) cette différence que, dans « le premier, l'appelé a manifesté la volonté d'être « héritier; que dans le second, au contraire, il a dé-« savoué cette qualité. »

113. Reste enfin le dernier argument tiré de certaines considérations d'utilité et d'ordre public. — L'intérêt de la société, dit-on, repousse un système qui multiplierait les procès, en forçant une foule d'intéressés (légataires ou créanciers) à faire juger de nouveau un fait déjà jugé. Il pourrait d'ailleurs se faire qu'à l'époque où les intéressés formeraient leur action, les preuves eussent disparu; et dès lors la succession, dilapidée dans l'intervalle, n'offrirait plus de prise à leurs droits (1). Mais voici comment M. Berlier a réfuté cet argument, dans la séance du 9 nivôse : « Vainement allègue-t-on le besoin de fixer les quali- « tés et d'éloigner les procès ; car celui qui aura été « condamné une fois aura, dans le cas où il plai- « derait, à lutter contre un préjugé très-fort, s'il est « traduit devant un tribunal autre que celui qui a « prononcé la première fois, et bien plus fort encore, si « c'est devant le même tribunal : cette crainte suffira « pour éloigner les mauvaises difficultés. Il est bon « que le premier jugement serve comme préjugé, et « cela est dans la nature des choses ; mais ce serait « trop faire que de lui imprimer un caractère aussi « irréfragable que celui de la loi.

« Est-ce avec fondement qu'on redoute les dilapi- « dations intermédiaires ? Mais, pour dilapider, il « faut s'immiscer, et celui qui s'est immiscé ne se « présente pas avec avantage pour dénier ensuite la « qualité d'héritier ; de sorte que la difficulté, bien « entendue, se réduit à quelques faits équivoques « d'addition, qui auront été accueillis par un juge- « ment ; mais est-ce le cas alors de déroger à la règle « commune ? »

Au surplus, si les considérations qu'on invoque devaient avoir quelque force, lorsqu'il s'agit d'un jugement rendu sur la qualité d'héritier, pourquoi n'en serait-il pas de même *de tous les autres cas où il y a des procès successifs entre diverses parties sur une même créance, sur un même testament, etc.* (2) ? Mais

(1) M. Tronchet présenta cet argument devant le conseil d'État.

(2) M. Valette, *loc. cit.*

que deviendrait alors le principe si éminemment salutaire de l'effet relatif de la chose jugée? Il peut résulter sans doute de cette contrariété de jugements dans des causes absolument semblables des conséquences bizarres, fâcheuses. Mais ne l'oublions pas, ce n'est qu'à ce prix, par suite de l'imperfection de toutes les institutions humaines, que nous conservons un de nos droits les plus précieux, la garantie et la défense de nos propres intérêts.

114. Ainsi donc, les arguments que nous venons d'examiner ne sauraient justifier l'opinion contraire à celle que nous défendons. — Ce qui nous affermit au reste dans notre pensée, c'est la discussion même qui eut lieu sur cette question dans le conseil d'État. La section de législation avait présenté un article ainsi conçu : « Celui contre lequel un créancier de la succession a obtenu un jugement, même contradictoire, passé en force de chose jugée, qui le condamne comme héritier, n'est réputé héritier, en vertu de ce jugement, qu'à l'égard seulement du créancier qui l'a obtenu. » Or, il résulte des termes du procès-verbal de la séance dans laquelle cet article fut soumis à la délibération du conseil d'État, qu'après une vive et longue discussion, cet article fut *retranché*. Et il faut le remarquer, M. Berlier venait de faire observer que « si l'article 243 du titre des conventions (aujourd'hui l'article 1351 du Code Napoléon) *passait, comme il y avait lieu de l'espérer*, celui que présentait la section de législation *pouvait être supprimé comme inutile, attendu que le principe général recevrait son application à cette espèce, comme à toutes les autres.* » Ne semble-t-il pas dès lors certain que le conseil

d'État a voulu s'en référer purement et simplement à l'article 1351, et soumettre ainsi les jugements rendus sur la qualité d'héritier aux mêmes règles que tous les autres jugements (1) ?

Il est vrai qu'on pourrait prétendre que l'article 800, par la généralité de ses termes, manifeste un changement d'opinion dans le conseil d'État. Mais comment supposer que quelques jours après la séance du 9 nivôse an XI, la même section de législation, qui avait proposé par un texte formel l'application des principes généraux à la chose jugée sur la qualité d'héritier, ait voulu dans l'article 800, rédigé par elle-même, renverser le système qu'en définitive elle avait fait prévaloir? Il y a là, comme le dit M. Valette, une impossibilité morale qui ne saurait laisser le moindre doute (2).

115. La seconde dérogation qu'on voudrait faire subir à l'article 1351 est relative, avons-nous dit, aux questions d'état. — La plupart des auteurs admettent, en effet, que les jugements rendus en cette matière doivent produire une autorité absolue. Il importe, disent-

(1) Les termes du procès-verbal : *l'article est retranché*, prouvent bien que le conseil d'État s'est rendu à l'observation de M. Berlier : on ne retranche que ce qui est inutile.

(2) *Revue étrangère et française*, loc. cit. — En dehors des deux systèmes dont nous venons de parler, et dont l'un est une application pure et simple du principe de l'article 1351, et l'autre une dérogation absolue à ce principe, plusieurs autres systèmes se sont produits pour l'interprétation de l'article 800, mais que nous ne croyons nullement fondés. — Ceux qui voudraient les connaître, les trouveront exposés dans la dissertation de M. Valette.

ils, à l'ordre public, à la paix des familles, que l'état des personnes, auquel se rattache dans la société les intérêts les plus élevés, d'où découlent les droits les plus sacrés et les plus précieux, soit à l'abri d'une déplorable incertitude et de discussions sans cesse renaissantes ; et dès lors le jugement qui a statué sur une question d'état, doit avoir force de chose jugée à l'égard de tous, être revêtu de la même puissance que la loi elle-même ; pourvu toutefois, cela va sans dire, que la personne qui est intervenue dans les débats ait elle-même un grave intérêt à y contredire.

Et c'est ainsi, sous l'empire de ces considérations, que s'est formée la théorie célèbre, connue dans la doctrine sous le nom de *théorie des légitimes contradicteurs*.

110. Mais voyons quelle est la base de cette théorie, dans le cas où il s'agit, par exemple, d'une réclamation ou d'une contestation d'état, et quelles en sont les conditions.

Dans la famille, il est des personnes, a-t-on dit, qui, par le rang qu'elles y occupent, doivent avoir mission d'engager ou de soutenir, au nom de tous les membres qui la composent, les procès dans lesquels la constitution et les droits de la famille se trouvent compromis. L'intérêt qu'elles ont elles-mêmes à l'issue des débats est une garantie pour tous : de sorte que les parents d'un rang inférieur doivent s'incliner devant la chose jugée avec elles, et en subir désormais toutes les conséquences : car ils sont censés avoir été représentés au procès.

On le voit tout d'abord, si la base de cette théorie était exacte, si, en effet, cette représentation de tous les membres de la famille par certaines personnes placées à sa tête était fondée, cette théorie ne serait elle-même que la consécration des principes, et nul ne songerait à la contester. Mais la preuve qu'il n'y a rien de moins certain, rien de moins juridiquement établi que cette prétendue représentation, dans l'esprit même des jurisconsultes qui l'admettent, c'est qu'ils présentent leur doctrine comme une exception, comme une dérogation au droit commun. Et, en effet, sur quels principes pourrait-on fonder cette représentation légitime? « Pour admettre, comme le dit « M. Dalloz (*chose jugée*, n° 271), que la famille est « représentée par un ou plusieurs des plus proches « parents, il faudrait que les autres membres de la « famille n'eussent aucun droit qu'ils ne tinssent de « ces proches parents dont ils ne seraient en quel- « que façon que les ayants cause; il faudrait qu'il fût « au pouvoir de l'homme de s'attribuer par un « contrat et d'imposer à sa famille des rapports de « parenté et de successibilité autres que ceux qui dé- « rivent de la nature, et que la loi a consacrés; il « faudrait, en un mot, que tout individu pût com- « poser, à son gré, sa famille. Mais c'est là une idée « qui ne peut être sérieusement proposée. La nature « imprime à l'homme, au moment où il reçoit le jour, « un état de famille, que lui garantit ensuite la loi « civile, mais qui est tellement inhérent à sa per- « sonne, qu'il n'est en la puissance d'aucun des au- « tres membres de la famille de le changer, ou d'y « porter la plus légère atteinte : les droits civils dé- « pendent de la loi, ils ne se communiquent pas. »

117. La théorie des légitimes contradicteurs est

donc, de l'aveu même de ses partisans, une véritable exception à l'article 1351. Mais de quel droit admettre, *contre la disposition expresse et générale de la loi, une exception qu'aucune loi n'autorise et qui viole directement la première règle de toute justice*, en imposant à certaines personnes l'autorité d'un jugement où elles n'ont été ni appelées ni entendues (1)?

118. Pour justifier cette théorie, voici dès lors les arguments qu'on propose. La théorie des légitimes contradicteurs, dit-on en premier lieu, avait été consacrée dans la législation romaine et dans notre ancienne jurisprudence. Or, cette théorie est si juste, si rationnelle, qu'on doit interpréter le silence que les auteurs du Code civil ont gardé à ce sujet par le désir, l'intention de la faire passer dans nos lois. Mais d'abord est-il bien certain, comme on le prétend généralement, que les jurisconsultes romains aient ainsi accordé une autorité absolue aux jugements rendus sur des questions d'état? Nous l'avons dit dans la dissertation précédente, les lois du Digeste que l'on invoque à l'appui de cette opinion sont loin de consacrer une dérogation aussi générale aux principes de la chose jugée, et il nous paraît, en tout cas, bien difficile d'en induire la véritable pensée des jurisconsultes en cette matière. Au reste, serait-il incontestable que telle a été la disposition du droit romain,

(1) Toullier (t. v, deuxième partie, p. 204) adresse ce reproche à la doctrine qui attribue, contrairement à l'article 1351, une autorité absolue au jugement rendu sur la qualité d'héritier; mais comment n'a-t-il pas vu qu'on pouvait lui faire ce même reproche à lui-même, lorsqu'il soutient une exception analogue en matière de questions d'état?

est-ce que ce devrait être une raison suffisante de l'introduire chez nous, malgré le silence du législateur?

Mais, d'ailleurs, est-il vrai que les auteurs du Code civil aient gardé un complet silence sur cette question? N'ont-ils pas, au contraire, manifesté clairement dans l'article 100 l'intention de laisser la chose jugée en matière d'état sous l'application du droit commun? Voici, en effet, les termes de cet article : « Le jugement de rectification ne pourra, dans aucun temps, être opposé aux parties intéressées qui ne l'auraient point requis ou qui n'y auraient pas été appelées. » Et s'il en est ainsi des jugements de rectification des actes de l'état civil, n'y a-t-il pas autant de raison d'appliquer la même disposition aux jugements qui statuent sur l'état même de la personne (1)?

110. Le second ordre d'arguments que l'on fait valoir à l'appui de la théorie des légitimes contradicteurs est puisé dans des considérations d'intérêt général. — S'il est toujours fâcheux, dit-on, de voir, dans des causes analogues, des décisions contradictoires, combien ce scandale est encore plus déplorable quand il s'agit de l'état des personnes! Voilà dès lors, par exemple, le même individu qui pourra être considéré à la fois comme parent légitime à l'égard de certains membres de la famille, et comme parent naturel à l'égard des autres! — Quel serait, au surplus, le moyen d'acquérir un état stable, permanent, à l'abri désormais de toute contestation? — Peut-on vraiment concevoir que chaque membre de la famille ait le droit d'atta-

(1) M. Demolombe, t. v, p. 295.

quer de nouveau l'état d'une personne, malgré l'autorité de plusieurs jugements peut-être qui l'ont déjà reconnu et consacré! Non, ce ne peut être là la pensée du législateur : rien ne serait plus contraire à l'ordre public; les principes d'une bonne législation et d'une sage jurisprudence doivent tendre au contraire à affermir, à consolider l'état des personnes.

Ces considérations sont puissantes, il faut le reconnaître; elles montrent, si on veut, les imperfections de notre législation à ce sujet; et nous pouvons regretter que les auteurs du Code civil n'aient pas cherché à concilier tous les intérêts, et à prévenir, en créant pour les questions d'état des règles spéciales, les complications et les difficultés que peut faire naître l'application du droit commun (1). — Mais, quoi qu'il en soit, ce n'est pas à nous qu'il appartient, sur le fondement des considérations même les plus justes, de modifier les principes admis par le législateur en matière de chose jugée. Nous devons avant tout respecter les dispositions et l'esprit de la loi, à quelque inconvénient que son application nous conduise : *dura lex, sed lex*. Or, encore une fois, il nous semble impossible de le méconnaître, en présence des articles 1351 et 100 du Code civil, la volonté du législateur a été de soumettre aux principes généraux les jugements rendus sur des questions d'état.

Au surplus, les inconvénients qu'on signale sont-ils

(1) « N'aurait-on pas pu, par exemple, décider que lorsqu'une « question de ce genre serait soulevée dans une famille, un con- « seil de parents serait assemblé et chargé de désigner un des « siens pour défendre à l'action et représenter toute la famille? » (M. Demolombe, t. v, p. 302.)

aussi sérieux qu'on le prétend ? Doit-on craindre de les voir souvent se produire dans la réalité des choses ? Après qu'un jugement, deux jugements au plus auront statué de la même manière sur une question d'état, est-il probable qu'on osera affronter de nouveau le grave préjugé qui résulte de deux décisions conformes (1) ? « La difficulté, l'impossibilité, pour ainsi dire, du succès ne suffira-t-elle pas pour prévenir la plupart des attaques téméraires et inconsidérées (2) ? »

Du reste, il ne faut pas non plus perdre de vue les résultats auxquels aboutit la doctrine contraire. Elle oppose l'autorité d'un jugement à des personnes qui n'ont pas été appelées au procès, qui n'ont pu s'y défendre. Mais dès lors que va devenir le repos, l'intérêt, l'honneur d'une famille entière, si l'un de ses membres, par négligence, caprice ou autrement, peut y laisser introduire le premier imposteur venu ? L'éventualité d'un tel danger, quelque rare qu'il soit, ne compense-t-elle pas avantageusement dans notre système les autres inconvénients qui pourraient en résulter ?

120. Ainsi donc, la théorie des légitimes contradicteurs nous paraît reposer sur des bases bien fragiles et bien peu juridiques. — D'ailleurs, à l'admettre en principe, il y a encore dans l'application une nouvelle difficulté qui en montre le côté faible et dangereux. Que faut-il, en effet, entendre par légitimes contradicteurs ? Quel est le parent qui, dans une question

(1) M. Demolombe, *loc. cit.*

(2) M. Dalloz, *Répert. de jurisp.*, au mot *Chose jugée*, n° 271.

d'état, a le pouvoir de représenter la famille entière? Sur ce point fondamental, presque tous les auteurs qui soutiennent cette théorie sont divisés, et cependant, il serait de la dernière importance de le bien préciser, de le bien définir. D'Argentré dit, il est vrai, que le légitime contradicteur, c'est la personne qui a *le premier et principal intérêt*, celle à qui appartient *le primitif et proche intérêt* dans la cause (1). Mais une définition aussi vague, aussi générale, suffit-elle pour prévenir les difficultés de l'application? Assurément non, et c'est pourquoi les auteurs qui partagent la même opinion, et notamment Toullier (2), ont cherché à préciser davantage ce qu'ils entendent par légitimes contradicteurs, en examinant dans les diverses hypothèses qui peuvent se présenter, quels sont les membres de la famille auxquels le soin de la représenter doit être confié : — mais il serait trop long et d'ailleurs inutile d'entrer ici dans tous ces détails : qu'il nous suffise de remarquer encore une fois que ces auteurs sont loin de s'accorder toujours ensemble ; ces dissidences nous prouvent tout ce qu'il y a d'incertain et de chimérique dans cette prétendue représentation.

121. Une autre idée sur laquelle on a cherché à édifier une théorie exceptionnelle en matière de questions d'état, est *l'indivisibilité de l'état des personnes;* mais c'est là un argument dont la doctrine a fait justice depuis longtemps. Sans doute, en soi, considéré d'une manière abstraite, l'état d'une personne est

(1) *Avis sur les partages des nobles*, question 29, n° 7.
(2) *Droit civil*, t. V, n°s 220 et suivants.

indivisible, comme toute qualité, comme tout fait quelconque; mais, au point de vue purement juridique (ainsi que nous l'avons dit dans la question précédente), en s'attachant aux droits et aux obligations qui découlent de tel état ou de tel fait, il n'est rien de plus divisible que ces droits et ces obligations. Qu'est-ce qui s'oppose dès lors à ce qu'une personne puisse exercer ses droits dans la famille vis-à-vis de tels parents, et ne le puisse pas à l'égard de tels autres? Comment, d'ailleurs, se prévaloir de l'indivisibilité de l'état des personnes en présence des articles 54 et 100 du Code civil, où la loi prend elle-même le soin de démentir de la manière la plus formelle un semblable argument?

122. Au reste, il va sans dire que lorsque nous refusons aux jugements en matière d'état une autorité absolue, nous parlons seulement des jugements *déclaratifs*, c'est-à-dire de ceux qui ne font que constater un état préexistant. Tout le monde sait, en effet, que les jugements *constitutifs* de l'état des personnes, c'est-à-dire ceux qui créent pour l'avenir un état nouveau, ont force de chose jugée à l'égard de tous, deviennent lois pour toute la société : ainsi des jugements en interdiction, en séparation de corps, etc.

123. Il va sans dire également que, lorsque la loi n'a accordé qu'à telles personnes déterminées le droit de soutenir certaines actions en justice, le jugement rendu avec ces personnes est investi d'une autorité absolue. C'est pourquoi, en matière de désaveu, ce qui est jugé avec le mari ou avec ses héritiers, dans le cas où les héritiers ont qualité pour agir, produit ses effets envers et contre tous ; car, aux termes des articles 312 et suivants du Code civil, l'action en désaveu n'appartient qu'au mari ou à ses héritiers.

124. Mais on pourrait supposer que l'instance en désaveu s'est engagée avec quelques-uns des héritiers du mari seulement. Quelle devrait être alors l'influence du jugement rendu avec eux vis-à-vis de leurs cohéritiers, et aussi vis-à-vis des personnes qui n'avaient aucune qualité pour figurer au procès?

Il est incontestable d'abord que la chose jugée ne pourrait ni profiter ni nuire aux cohéritiers. En effet, nous l'avons déjà vu, les héritiers n'ont aucun pouvoir de se représenter mutuellement en justice.

Mais que décider à l'égard des tiers qui n'avaient pas qualité pour figurer dans l'instance, dans le cas où l'action en désaveu intentée par l'un des héritiers du mari a été admise ? Ont-ils le droit de se prévaloir du jugement obtenu et de l'opposer à l'enfant ? Évidemment non ; car si la présomption de l'article 312, sous laquelle l'enfant abrite sa légitimité, subsiste encore vis-à-vis des autres héritiers du mari, elle doit, à plus forte raison, subsister vis-à-vis des tiers. Elle n'a été, en quelque sorte, qu'*entamée*, comme le dit fort bien M. Valette (1), et ce qui en reste suffit dès lors à protéger l'enfant contre quiconque n'a pas qualité pour la faire tomber (2).

125. Pour compléter ce que nous avons à dire sur les questions d'état, il nous reste à examiner, en quelques mots, le sens et la portée de l'article 325 du Code ci-

(1) *Sur Proudhon*, t. II, p. 66, 67, note A, III.
(2) Zachariæ, Aubry et Rau (III, p. 650, 651).

vil. Cet article dispose ainsi : « La preuve contraire pourra se faire par tous les moyens propres à établir que le réclamant n'est pas l'enfant de la mère qu'il prétend avoir, ou même, la maternité prouvée, qu'il n'est pas l'enfant du mari de la mère. » Et, au sujet de cette disposition, on se demande quel doit être, à l'égard du mari, l'effet du jugement qui, sur la poursuite de l'enfant contre la femme, a déclaré la maternité constante.

Que si l'on suppose d'abord que l'article 325 se rapporte au cas où l'enfant a formé son action en réclamation d'état contre sa prétendue mère ou ses héritiers, sans appeler en cause le mari ou ses héritiers, il n'y a dans cette disposition qu'une application pure et simple de l'article 1351, et dès lors le jugement obtenu par l'enfant ne doit avoir aucune force vis-à-vis du mari, puisque celui-ci n'a figuré au procès ni par lui-même ni par un représentant. C'est là, du reste, un point incontestable, quel que soit le sens qu'on donne à l'article 325.

Mais est-ce bien là l'hypothèse à laquelle les législateurs ont voulu s'arrêter? Nous ne le croyons pas : la généralité des termes de l'article 325 nous paraît se refuser à cette interprétation; nous croyons, au contraire, que cet article prévoit le cas où la réclamation a été formée simultanément contre la femme ou ses héritiers et contre le mari ou ses héritiers. Dès lors, sans doute, la décision qui déclarera la maternité sera commune aux uns et aux autres. Mais quelle sera la force d'un tel jugement à l'égard du mari? Celui-ci étant réputé désormais, par l'effet de la chose jugée, le père de l'enfant, ne pourra-t-il combattre cette présomption de paternité que pour les causes de désaveu écrites dans les articles 312 et 313, ou bien faudra-t-il lui reconnaître, en ce cas, le droit de se défendre par d'autres moyens ? — Voilà, selon nous, ce que les législateurs se sont proposé de déterminer dans l'article 325. Or, des termes mêmes de cet article, il nous semble résulter qu'ils ont voulu étendre ici, pour le mari, la faculté de désavouer l'enfant, et lui permettre de faire tomber la présomption *pater is est... par tous les moyens propres à établir qu'il n'est pas le père.* — Qu'on le remarque d'ailleurs, il n'est rien de plus rationnel qu'une semblable disposition. L'enfant qui réclame son état en justice n'a évidemment ni titre, ni possession ; or, comme le dit M. Demolombe, cette absence de titre et de possession d'état, cette preuve seulement judiciaire de maternité, tout cela a pu être considéré comme équivalent à la double circonstance de l'adultère et du recel de la naissance, cause de désaveu prévue par l'article 313. Dès lors, de même que ce dernier article autorise le mari, en cas d'adultère et de recel, *à proposer tous les faits propres à justifier qu'il n'est pas le père de l'enfant*, de même, dans le cas qui nous occupe, la loi a dû donner au mari ou à ses héritiers la faculté de repousser *par tous les moyens* la présomption de paternité (1).

126. Il est donc bien constant, d'après ce que nous venons de voir, qu'un jugement ne peut produire aucun effet à l'égard des personnes qui sont restées étrangères au procès. Mais comment ces personnes s'y prendront-elles pour décliner l'autorité d'un juge-

(1) M. Demolombe (III, n° 259).

ment qu'on voudrait leur opposer? Pourront-elles invoquer purement et simplement le bénéfice de l'article 1351? Ou bien, y a-t-il une autre voie à laquelle elles devront recourir pour garantir la défense de leurs propres intérêts?

127. Ici se présente une question née du rapprochement de l'article 1351 du Code civil et de l'article 474 du Code de procédure, et dont nous allons, avant de finir, dire quelque mots.

D'un côté, en effet, l'article 474 s'exprime ainsi : *Une partie peut former tierce opposition à un jugement qui préjudicie à ses droits, et lors duquel ni elle, ni ceux qu'elle représente, n'ont été appelés*; et de l'autre, aux termes de l'article 1351, l'autorité de la chose jugée n'a lieu qu'entre les parties qui ont figuré dans l'instance; en sorte que, par la combinaison de ces deux articles, on se trouve nécessairement en présence de la difficulté suivante :

Comment peut-il se faire qu'un jugement auquel je suis resté étranger préjudicie à mes droits, puisque l'article 1351 restreint les effets de la chose jugée aux personnes qui ont été parties au procès? et dès lors pourquoi attaquerais-je un jugement qui ne peut me nuire en aucune manière? A quoi bon la procédure de la tierce opposition?

128. L'exposé de la difficulté nous indique le moyen de la résoudre : la question se réduit à se demander quel est le but, quel est le rôle juridique de la tierce opposition, si elle ne régit pas une situation différente de celle de l'article 1351.

Certains auteurs ne voient dans la tierce opposition qu'une voie purement facultative et surabondante pour faire valoir le bénéfice de l'article 1351; d'autres, au contraire, soutiennent que la tierce opposition est l'unique moyen de décliner l'autorité d'un jugement. Mais ces deux systèmes, bien qu'enseignés par des jurisconsultes éminents, nous paraissent si contraires à l'esprit qui a dû guider le législateur lorsqu'il a édicté les règles relatives à la tierce opposition, que nous n'hésitons pas à les rejeter (1).

129. Et d'abord admettre que la tierce opposition n'est pas autre chose qu'une voie facultative, qu'on peut dans tous les cas y recourir, si on n'aime mieux se retrancher purement et simplement derrière l'article 1351, c'est accuser le législateur d'avoir réglementé une matière inutile, d'avoir établi une procédure sans application possible. Comment supposer, en effet, qu'une personne songe jamais à employer la voie de la tierce opposition, si, pour se mettre à l'abri d'un jugement auquel elle est restée étrangère, elle n'a qu'à se prévaloir du principe de l'article 1351 : *Res inter alios judicata aliis neque nocere, neque prodesse potest!* Comment supposer qu'elle se soumette volontairement aux inconvénients d'une procédure exceptionnelle, dans laquelle elle se prive du bénéfice de la compétence ordinaire du tribunal de son domicile (art. 475 et 476 C. pr. c.), échange le rôle de défendeur contre le rôle bien moins avantageux de demandeur, et court le risque de payer une amende,

(1) Le premier de ces systèmes est soutenu par Merlin, dans son *Répertoire*, au mot *tierce opposition*; le second est soutenu par Proudhon, dans son *Traité de l'usufruit*.

dans le cas où elle viendrait à succomber? (art. 479 C. pr. c. (1)).

130. Prétendre, en second lieu, que la tierce opposition est l'unique moyen de décliner l'autorité d'un jugement; qu'elle est la mise à exécution nécessaire de l'article 1351, c'est aller manifestement contre les termes et l'esprit de la loi. C'est, comme le dit Boitard, d'abord dénaturer le caractère juridique de la tierce opposition, qui n'est autre chose qu'un moyen d'attaque pour faire réformer un jugement, puisqu'on en fait de cette manière un moyen pour l'expliquer, pour l'interpréter. — Qu'est-ce, en effet, qui sera en question, lorsque je voudrai par la voie de la tierce opposition décliner les effets de la chose jugée invoquée contre moi? Il s'agira de savoir si le jugement rendu doit produire ou non son autorité à mon égard, en un mot, si j'ai été ou non représenté dans l'instance. Mais n'est-ce pas là une pure question d'interprétation? et la tierce opposition ne perd-elle pas dès lors le caractère que la loi lui donne, en la comprenant *parmi les voies extraordinaires pour attaquer les jugements!*

De plus, ce système aurait pour conséquence de renverser toutes les idées reçues en matière de preuves. Il imposerait à celui contre qui on invoque l'autorité de la chose jugée l'obligation de prouver qu'il n'a pas été partie dans le jugement, tandis qu'aux termes de l'article 1315 du Code civil, c'est à celui qui allègue l'existence d'un droit à l'établir, à le justifier? Vous prétendez que le jugement que vous avez obtenu m'est

(1) Boitard, *Leçons de procédure civile*, t. II, p. 295.

opposable, que j'ai été représenté dans le procès : c'est donc à vous, si vous voulez obtenir l'exécution de ce jugement contre moi, à prouver la réalité de mon obligation. C'est là ce que réclament les principes du droit, d'accord avec la raison et l'équité; et rien ne peut faire croire que le législateur ait voulu s'en écarter en cette matière.

131. C'est donc en dehors de ces deux systèmes absolus que nous devons chercher la véritable solution de la difficulté proposée. Cette difficulté, selon nous, ne peut s'aplanir que si nous trouvons des hypothèses spéciales, où la tierce opposition constitue la seule voie légale, pour faire tomber un jugement dont l'exécution porterait en fait préjudice à nos droits. Nous maintenons ainsi l'application pure et simple de l'article 1351, toutes les fois qu'il est possible de s'en prévaloir, et nous justifions en outre le législateur d'avoir établi la voie de la tierce opposition, puisqu'elle répond alors à une nécessité qu'aucun autre moyen juridique n'aurait pu satisfaire.

132. Or, la tierce opposition est une voie à laquelle il faut nécessairement recourir :

1° Lorsque l'exécution d'un jugement, poursuivie contre la partie condamnée, porterait préjudice à un tiers qui n'a pas été appelé dans l'instance. Celui-ci doit former tierce opposition pour prévenir ou pour arrêter l'exécution de ce jugement.

Ainsi, supposons que mon fermier, ou l'usufruitier de mon héritage, ait été, sur l'instance formée par un voisin, condamné à abattre des arbres situés sur mon fonds, soit comme trop près de la ligne séparative, soit comme nuisant à une servitude de vue. Il est évident que si ce jugement reçoit son exécution, j'éprouverai un préjudice irréparable; et j'ai par conséquent un intérêt immédiat et actuel à m'opposer à cette exécution : mais par quel autre moyen le pourrais-je que par celui de la tierce opposition?

De même, lorsqu'il a été jugé, entre deux riverains d'un cours d'eau, que l'un d'eux a le droit de construire un barrage, à tel endroit de ce cours d'eau, si ce barrage doit aussi vous nuire à vous-même qui êtes resté étranger au jugement, vous êtes intéressé à faire tomber le jugement obtenu, et la tierce opposition est la seule voie qui vous soit ouverte pour arriver à ce résultat.

2° La tierce opposition est encore indispensable, lorsque la personne qui avait en principe qualité pour nous lier par les jugements rendus avec elle, s'est laissé condamner par suite d'une collusion. Nous pouvons alors, au moyen de la tierce opposition, faire révoquer le jugement qui a frauduleusement compromis nos intérêts.

Ainsi, les créanciers chirographaires qui, en thèse générale, doivent respecter les jugements prononcés contre le débiteur, sont néanmoins recevables, en vertu de l'article 1167 du Code civil, à attaquer ces jugements dans le cas où ils auraient été rendus en fraude de leurs droits. On ne peut pas dire, en effet, qu'un débiteur ait représenté ses créanciers dans une instance où il a colludé avec son adversaire, où il n'a figuré qu'avec l'intention bien formelle de les dépouiller de leur gage. Mais par quelle voie feront-ils tomber à leur égard l'autorité de ces jugements? Une seule voie leur est ouverte, la tierce opposition.

12

133. La procédure de la tierce opposition offre donc dans certains cas une utilité bien distincte de celle de l'article 1351, et que nul autre moyen juridique ne saurait remplacer. Sans doute, lorsqu'on n'a pas été partie au procès, on est libre d'intenter soi-même une action nouvelle et directe pour faire valoir son propre droit, au lieu de former tierce opposition à la sentence rendue contre une personne étrangère; mais quel risque ne court-on pas alors de subir en réalité un préjudice, quelquefois irréparable, par suite de l'exécution même de cette sentence! La tierce opposition, encore une fois, peut seule remédier à ce danger, prévenir un semblable préjudice, et voilà ce qui rend, dans l'économie de la loi, cette procédure exceptionnelle aussi utile qu'indispensable.

APPENDICE.

De l'influence de la chose jugée au criminel sur le civil.

134. Nous ne pouvons terminer cette dissertation sans dire quelques mots d'une question importante qui se rattache à notre matière, et qui est encore aujourd'hui l'objet de vives controverses parmi les auteurs. C'est la question de savoir quelle doit être l'autorité des décisions criminelles devant les tribunaux civils (1).

135. On a généralement l'habitude, dans les discussions que cette question soulève, de prendre comme point de départ l'application de l'article 1351 du Code Napoléon. — Les conditions auxquelles cet article subordonne la chose jugée se trouvent-elles remplies, lorsqu'un tribunal civil est appelé à prononcer sur un fait qui a été déjà soumis à un tribunal

(1) La question de savoir, à l'inverse, quelle peut être l'influence des jugements rendus au civil sur l'action publique appartient au droit criminel, et par conséquent nous n'avons pas à nous en occuper dans cette dissertation exclusivement consacrée à la chose jugée en matière civile.

criminel? en un mot, l'action publique et l'action civile contiennent-elles, malgré la différence des juridictions devant lesquelles elles sont portées, la triple identité d'objet, de cause et de parties? Tels sont les termes dans lesquels la controverse s'agite et cherche la solution de la question proposée.

Ainsi, sur l'unique fondement de l'existence ou de la non-existence dans les deux litiges, des conditions exigées par l'article 1351, on est arrivé à deux systèmes absolus et exclusifs : l'un, qui admet que le jugement criminel doit conserver au civil toute son autorité; l'autre qui refuse, au contraire, à ce jugement force de chose jugée devant les tribunaux civils.

136. A considérer ces systèmes du point de vue auquel se sont placés les auteurs qui les ont soutenus, nous n'hésiterions pas à nous prononcer pour celui qui enlève toute valeur au jugement criminel devant la juridiction civile : car il nous semble impossible d'admettre que l'action publique et l'action civile renferment identité de parties, et surtout identité d'objet(1).

Mais nous croyons que la disposition de l'arti-

(1) « En effet, il n'y a ni identité de parties, puisque le ministère public ne pouvant pas demander la réparation pécuniaire du tort causé, et l'individu lésé n'ayant pas d'autre droit que de demander cette réparation pécuniaire, il s'ensuit bien évidemment que le ministère public n'a pas pu exercer le droit de cet individu, en d'autres termes, le représenter; ni surtout identité d'objet, puisque cet objet n'est et ne peut être, au criminel, que l'application d'une peine, tandis qu'il ne peut être, au civil, qu'un payement de dommages-intérêts (M. Marcadé, t. v, p. 193). » — Voir encore Toullier (t. x, nos 240-259).

cle 1351 ne doit nullement influer sur la décision de la question qui nous occupe, et qu'indépendamment des conditions qui, aux termes de cet article, constituent la chose jugée, l'autorité des jugements criminels n'en doit pas moins être respectée par les tribunaux civils.

La disposition de l'article 1351 ne peut avoir, disons-nous, aucune influence dans cette question. C'est là, en effet, une règle de droit civil, applicable seulement toutes les fois que des contestations sont soulevées devant les tribunaux de la juridiction civile, pour savoir si l'un de ces tribunaux est lié par une décision émanée de l'autre. Elle ne saurait s'appliquer dans les rapports du droit criminel au droit civil, sans altérer profondément la nature et le but de l'institution des tribunaux criminels. Au surplus, nous savons que cette règle n'est que la reproduction des principes admis dans le droit romain; or, il était reconnu à Rome que ces principes ne recevaient d'application qu'en matière civile.

Dès lors, où trouverons-nous la justification de l'autorité absolue que nous croyons devoir accorder aux décisions criminelles?

137. La raison et la justice suffiraient, ce semble, pour consacrer cette autorité. « Comment admettre, ainsi que le dit M. Marcadé, que celui qui a fait juger avec le mandataire de la société que le fait dont il était accusé n'a jamais existé, puisse encore être recherché et passible d'une condamnation quelconque pour ce prétendu fait, même devant un tribunal civil? comment admettre, à l'inverse, que celui qui, après une défense présentée avec toute la liberté

et toutes les garanties que la loi accorde, a été solennellement condamné comme coupable de tel crime, puisse ensuite, même devant un tribunal civil, soutenir et arriver à établir légalement que le fait n'a pas été commis ou ne lui est pas imputable? » Un tel résultat ne choque-t-il pas évidemment tous les principes du bon sens et de l'équité? N'entraîne-t-il pas un effroyable scandale, au détriment du respect que l'on doit à la justice?

Et d'ailleurs, il faut bien le dire, un des principaux motifs qui font restreindre, en matière civile, l'influence de la chose jugée, n'a plus ici de fondement sérieux. En effet, il est très-improbable ou plutôt il est moralement impossible qu'une connivence frauduleuse ait existée entre les parties et le ministère public; et, en outre, s'il n'est pas vrai de dire, comme Merlin le prétend, que le ministère public représente tous les intéressés, il n'en est pas moins certain que ceux-ci trouvent dans l'instruction de l'affaire et dans la solennité des débats une suffisante garantie de leurs droits.

138. Assurément ces diverses considérations donneraient, à elles seules, un solide appui à la doctrine que nous défendons; elles suffiraient même, à nos yeux, pour l'établir d'une manière complète. Mais qui pourrait encore la contester, si nous la trouvons de plus implicitement consacrée par le législateur lui-même?

Nous citerons d'abord l'article 198 du Code civil qui dispose ainsi : « Lorsque la preuve d'une célébration légale du mariage se trouve acquise par le résultat d'une procédure criminelle, l'inscription du jugement sur les registres de l'état civil assure au mariage, à compter du jour de sa célébration, tous les effets civils, tant à l'égard des époux qu'à l'égard des enfants issus de ce mariage. » Voilà bien un cas où l'influence d'une décision criminelle se fait sentir au civil.

On prétend que cette dernière disposition est toute spéciale, toute exceptionnelle, et qu'on ne saurait l'étendre par conséquent en dehors de l'hypothèse qu'elle prévoit. Mais n'est-on pas au contraire beaucoup mieux fondé à soutenir que, s'il en est ainsi dans ce cas spécial, il y a lieu d'admettre *a fortiori* la même solution dans les autres cas? On sait en effet combien la loi se montre exceptionnellement difficile, parcimonieuse quant aux moyens de preuve, lorsqu'il s'agit d'établir la célébration légale du mariage.

L'article 463 du Code d'instruction criminelle nous révèle encore dans le même sens la pensée du législateur. « Lorque des actes authentiques, dit cet article, auront été déclarés faux en tout ou en partie, la cour ou le tribunal qui aura connu du faux ordonnera qu'ils soient rétablis, rayés ou réformés, et du tout il sera dressé procès-verbal. » C'est donc que la décision criminelle doit produire ses effets au civil. Autrement, à quoi bon l'ordonnance rendue par le tribunal criminel et qui pourrait être immédiatement attaquée devant la juridiction civile, et infirmée par elle?

Nous invoquerons enfin les dispositions contenues dans les articles 326 et 327 du Code civil. Ces dispositions ne peuvent s'expliquer qu'en admettant notre doctrine.

On n'ignore pas le motif qui a porté le législateur,

dans l'espèce prévue par ces articles, à déroger au droit commun et à faire abstraction de la maxime : *le criminel tient le civil en état.* La filiation, s'est-on dit, ne pouvant se prouver par témoins qu'autant qu'il existe déjà un commencement de preuve par écrit ou des indices graves qui la rendent vraisemblable, on ne doit pas permettre que l'action civile relative à la filiation soit portée devant la juridiction criminelle en même temps que l'action publique. On ne doit pas permettre non plus que cette dernière action soit intentée par le ministère public, avant que la question d'état ait été définitivement jugée par le tribunal civil ; car la filiation pourrait se trouver ainsi établie au moyen de la preuve testimoniale seulement, sans aucune autre condition préalable.

Sans doute, le principe qui sert de fondement à cette théorie repose sur une erreur ; il est complétement faux que la preuve testimoniale suffise dans tous les cas et nécessairement devant les tribunaux criminels ; mais, quoi qu'il en soit, ce qui a évidemment déterminé le législateur à admettre cette théorie, c'est la persuasion où il était que les tribunaux civils doivent maintenir les décisions criminelles.

139. D'après ces dispositions, il nous paraît donc parfaitement conforme à l'esprit de la loi d'accorder à la chose jugée au criminel une autorité absolue devant la juridiction civile. Conséquemment, toutes les fois qu'un tribunal criminel aura reconnu ou dénié l'existence d'un point de droit ou de fait, le juge au civil sera tenu de respecter la décision rendue. Cette décision devra désormais faire loi à l'égard de toutes personnes indistinctement.

En effet, ainsi que le disait M. le procureur général Mourre, dans une affaire où se débattait la question qui nous occupe, « un jugement rendu au criminel « n'est pas un acte ordinaire de l'autorité publique, « n'embrassant, comme la plupart des jugements ci- « vils, que quelques intérêts privés, et ne se rappor- « tant qu'à quelques individus. C'est un monument « élevé dans le sein de la société, qui doit fixer tous « les regards et enchaîner toutes les pensées : c'est un « monument sur lequel s'imprime une vérité pu- « blique ! » — D'ailleurs, qu'on nous permette de le redire, en nous servant cette fois des paroles par lesquelles M. Mourre continue l'exposé de sa doctrine, « quelle épouvantable théorie que de faire « rejuger au civil une question déjà jugée au crimi- « nel ! — Ainsi, sous le prétexte que l'action publique « et l'intérêt privé ne sont pas la même chose, on fe- « rait dire au civil qu'un homme n'est pas coupable, « lorsqu'il aurait péri sur l'échafaud ; ou que son « crime est certain, lorsqu'il en a été absous au cri- « minel, et replacé dans la société par la loi elle-même « qui a proclamé son innocence ! Si un tribunal civil, « à raison de la matière et par une distinction quel- « conque, pouvait revoir le même fait et juger la « même question, quelles contradictions ne pour- « rait-il pas en résulter ! Quel trouble ! quel scandale « dans la société (1) ! »

140. Toutefois, on le comprend, l'influence au civil de la décision criminelle ne doit s'exercer qu'autant que le point qu'on invoque ou qu'on veut dé-

(1) Aff. Régnier. Cassat. 19 mars 1817.

battre de nouveau devant la juridiction civile est précisément celui sur lequel le tribunal criminel a prononcé. C'est là une restriction commandée par la raison aussi bien que par les principes de la chose jugée : l'autorité d'un jugement ne peut jamais s'étendre au delà de ce qu'il a légalement constaté, en un mot, de ce qui a fait l'objet même du jugement.

Au reste, par l'objet et la nature de son institution, la juridiction criminelle n'est investie de la connaissance des faits qui ont le caractère de délits, qu'au point de vue du droit criminel et de l'application de la loi pénale. Dès lors les décisions émanées de cette juridiction laissent toujours intacte, à moins de l'intervention de la partie civile dans le procès criminel, la question de savoir si les faits qui ont servi de base à la poursuite criminelle ne constituent pas aussi un simple délit de droit civil ou un quasi-délit; car, il peut se faire que les faits imputés au prévenu ou à l'accusé ne présentent pas tous les caractères de criminalité qu'exige la loi pénale, et que cependant ils soient assez graves pour engager la responsabilité civile aux termes de l'artice 1382 du Code civil.

Ce ne sera donc nullement violer l'autorité des décisions criminelles, que de soulever devant la juridiction civile, contre la personne qui a été acquittée purement et simplement *comme non coupable* par le tribunal criminel, une prétention relative à des intérêts civils ou à des dommages-intérêts, bien que fondée sur les mêmes faits dont la juridiction criminelle a été préalablement saisie (1). — C'est là d'ail-

(1) Il n'en serait pas de même, si le tribunal criminel avait re-

leurs ce que la loi consacre elle-même dans l'article 366 du Code d'instruction criminelle, où il est dit que « dans le cas d'absolution, comme dans celui d'acquittement ou de condamnation, la cour statuera sur les dommages-intérêts prétendus par la partie civile..... » — Conséquemment, la déclaration de *non-culpabilité* rendue par le jury, en faveur d'un individu accusé d'avoir incendié sa propre maison qui était assurée, ne s'oppose pas à ce que, sur la demande en payement d'une indemnité, formée plus tard contre la compagnie d'assurance, celle-ci soit admise à prouver qu'il a par sa faute provoqué ou occasionné l'incendie de sa maison, et qu'ainsi il est déchu de tout droit à l'indemnité qu'il réclame (1).

De même encore, une personne, après avoir été acquittée par la justice criminelle d'une prévention d'homicide involontaire par imprudence, peut être condamnée, à raison du même fait, à des dommages-intérêts par les tribunaux civils; car cette personne peut n'avoir pas été assez imprudente pour mériter une condamnation à l'emprisonnement, et l'avoir été assez cependant pour être responsable du dommage

connu que le fait qui a donné lieu aux poursuites n'a pas existé ou que le prévenu n'en est pas l'auteur. Dans ce cas, l'on ne pourrait poursuivre devant les tribunaux civils la personne acquittée par la juridiction criminelle; car ce serait porter atteinte à la décision rendue. Au reste, cette hypothèse ne pourra jamais se présenter aujourd'hui, relativement aux décisions du jury. Aux termes de l'article 337 du Code d'instruction criminelle, le verdict d'acquittement du jury est toujours conçu en ces termes généraux : *Non, l'accusé n'est pas coupable.*

(1) Orléans, 4 décembre 1841. — Agen, 20 janvier 1851.

qu'elle a fait éprouver, et dès lors l'action soulevée devant la juridiction civile n'a rien d'inconciliable avec la décision émanée du tribunal criminel (1).

(1) Orléans, 23 juin 1843.

POSITIONS.

DROIT ROMAIN.

I.

La loi 7 du titre *de exceptione rei judicatæ*, au Digeste, peut s'expliquer, sans qu'on ait besoin d'en corriger le texte.

II.

La loi 9 du même titre prévoit deux hypothèses différentes, relativement à des formes de procédure. Dans la première, le demandeur ne peut combattre l'exception *rei judicatæ* qu'au moyen d'une *réplique*, tandis que dans la deuxième, il n'a pas besoin de recourir à ce moyen.

III.

Plusieurs *causes* existant lors de la revendication, si on a eu le soin d'exprimer l'une d'elles dans la *formule*, on peut, après avoir succombé dans la première instance, agir de nouveau, en se fondant sur une autre *cause*.

IV.

Le pupille s'oblige-t-il naturellement, quand il contracte *sine auctoritate tutoris*? — Oui, suivant

Papinien, et la plupart des jurisconsultes qui vivaient à la même époque.

V.

La décision donnée par le jurisconsulte Africain dans la loi 33, *locati conducti*, au Digeste, au sujet des risques de la chose vendue, paraît être un vestige d'une ancienne règle conservée pour le louage, et supprimée pour la vente.

DROIT FRANÇAIS.

I.

Le jugement rendu contre le débiteur, relativement à la propriété d'un immeuble hypothéqué, n'est pas opposable au créancier hypothécaire, dont le titre est antérieur à l'introduction de l'instance.

II.

La chose jugée contre le débiteur principal n'est pas jugée par là même contre la caution.

III.

En principe, les jugements rendus sur des questions d'état n'ont qu'une autorité purement relative.

IV.

Le jugement passé en force de chose jugée qui

condamne un successible en qualité d'héritier pur et simple ne produit d'effet qu'à l'égard des personnes qui ont été parties au procès.

V.

La prescription acquise contre le grevé de substitution est opposable aux appelés majeurs.

VI.

L'enfant naturel reconnu peut être adopté par son père ou sa mère.

DROIT CRIMINEL.

I.

Les règles tracées par le Code civil en matière de preuves sont également applicables devant les tribunaux criminels.

II.

Les tribunaux civils doivent tenir pour vrais les faits reconnus par un tribunal criminel.

DROIT INTERNATIONAL.

I.

La distinction établie par l'article 121 de l'ordonnance de 1629, relativement à l'autorité que les jugements rendus à l'étranger doivent avoir en France, est encore applicable aujourd'hui.

II.

Un Français en pays étranger peut faire son testament en la forme publique, par devant le chancelier du consulat.

HISTOIRE DU DROIT.

I.

Dans la Gaule franque, chacun était forcément régi par sa loi d'origine.

II.

La loi Salique a été rédigée, selon toute vraisemblance, après la conquête, et en langue tudesque.

III.

L'origine du droit de *bail* ou de *garde noble* est tout entière dans le système féodal.

Vu par le président,
DURANTON.

Vu par le doyen,
C. A. PELLAT.

Permis d'imprimer,
le 9 juin 1854.

Le recteur de l'Académie de la Seine.
CAYX.

www.ingramcontent.com/pod-product-compliance
Ingram Content Group UK Ltd.
Pitfield, Milton Keynes, MK11 3LW, UK
UKHW021125220726
13924UKWH00004B/1913